AF435395

Informática Abierta, Ciudadanía y Generación de Empleo

(Los Cimientos de una Ciudad de Código Abierto)

Jason Hibbets

Responsables de la edición en español: J.R. Landeras y J.E. Myro

Datos de la Obra Original

Título: *The Foundation for a Open Source City*

©2013 Jason Hibbets

Primera Edición

ISBN: 978-1-300-92317-6

Publicada bajo licencia *Creative Commons Attribution ShareAlike 3.0 Unported.*

Datos de la traducción española

Título: Informática Abierta, Ciudadanía y Generación de Empleo (Los Cimientos de una Ciudad de Código Abierto).

©2014 J. R. Landeras y J. E. Myro

ISBN: 978-84-616-7858-7

Editado por Casa Sinapia Ediciones (www.casasinapiaediciones.es)

Publicado por *Lulu*

3101 Hillsborough Street

Raleigh NC 27607 (USA)

Publicada bajo licencia *Creative Commons Attribution ShareAlike 3.0 Unported.*

Foto de la portada:

Downtown Raleigh, North Carolina.

Autor: James Willamor

Publicada bajo licencia *Creative Commons Attribution ShareAlike 2.0 Generic*

*Para las comunidades de código abierto, por un gobierno abierto
y una política de datos abiertos*

Acerca del autor:

Jason Hibbets se graduó en la Universidad del Estado de
Carolina del Norte, y trabaja desde hace diez años en la
compañía *Red Hat* donde en la actualidad desempeña el cargo
de Director de Proyectos en la División de Marketing
Corporativo. También es el responsable del contenido y de la
gestión del portal *opensource.com*. A nivel personal lleva años
involucrado en colectivos y organizaciones ciudadanas de su
ciudad, Raleigh, capital del Estado de Carolina del Norte,
USA, en las que ha puesto en práctica y comprobado la
bondad de los principios de la metodología del código
abierto, la transparencia, la colaboración y la disposición a
compartir.

ÍNDICE

Introducción

Durante los dos últimos años, gracias a mi participación en el movimiento por un gobierno abierto, he encontrado un medio muy interesante de armonizar mi pasión por el *software* de código abierto[1] (*open source*) con mi interés por la comunidad de Raleigh[2] a la que pertenezco, y por la participación ciudadana. En este tiempo me he encontrado con muchos *geeks*[3] con mentalidad cívica que comparten conmigo intereses similares y que están potenciado la reivindicación de una forma de gobernar más abierta. Mi objetivo: mejorar nuestra convivencia como ciudadanos.

Hoy en día, la participación ciudadana de muchos individuos se limita a votar, a presionar para solucionar sus problemas y a quejarse del Gobierno, pero en los Estados Unidos el Gobierno incluye también a los ciudadanos. "Del pueblo y para el pueblo". Sin embargo, muchos de nosotros estamos demasiado ocupados en nuestros asuntos cotidianos de manera que cuando la política se cruza en nuestro camino supone

---

1   El concepto "código abierto" se desarrolla en profundidad a lo largo del libro.

2   Raleigh, con una población de 425.000 habitantes, es la capital del Estado de Carolina del Norte en los Estados Unidos. Este Estado está situado aproximadamente a la mitad de la costa atlántica del país.

3   El término *geek* es un angloamericanismo que identifica a una persona con una afición desmesurada por los temas tecnológicos e informáticos.

un incordio.

Pensemos un poco en nuestras propias experiencias con el Gobierno de nuestras ciudades. ¿Estamos descontentos con él? ¿Qué se podría mejorar? ¿Cómo se podrían incrementar nuestras interacciones con él?

La relación con el Gobierno Municipal de nuestra ciudad podría ser mucho mejor. Todos tenemos alguna idea sobre cómo mejorar las comunidades en las que vivimos o cómo corregir las actuaciones del Gobierno que no funcionan de forma correcta o eficiente. ¿Pero tenemos los medios, el tiempo, la información, o sabemos a dónde acudir para que esas ideas se lleven a cabo?

Mejorar nuestra convivencia ciudadana implica que nuestras relaciones con el Gobierno Municipal sean más participativas y colaboradoras. Y eso empieza con un Gobierno más transparente, abierto y receptivo.

En este libro se describe el camino recorrido por el pueblo de Raleigh hacia lo que yo llamo "ciudad de código abierto", y cómo el movimiento por un gobierno abierto en esta ciudad se ha visto acelerado durante los dos últimos años con la aprobación de una "Resolución por un Gobierno Abierto", la celebración con éxito de dos eventos *CityCamp Raleigh* y la organización de un grupo de trabajo bajo los auspicios de *Code for America*, organización de la que más tarde hablaremos en profundidad.

Primero definiremos las características de una "ciudad de código abierto" y explicaremos cómo Raleigh las ha ido asumiendo. Describiremos la cultura del código abierto, las reglas de funcionamiento del Gobierno de la ciudad, los eventos celebrados y el desarrollo económico habido. Luego veremos cómo se debe actuar para lograr de forma efectiva un gobierno abierto, y también algunas ideas al respecto aprendidas durante mis viajes por otras ciudades de los Estados Unidos.

Este libro está basado en mi experiencia e incluye artículos y entrevistas que he realizado para *opensource.com*, una publicación *online* dedicada a analizar cómo el modelo de desarrollo de software de código abierto se puede aplicar también en otras áreas como la actividad empresarial, la educación, la sanidad, las leyes, y en la vida en general.

Llevo trabajando en *Red Hat*[4] desde el año 2003 y tengo, por tanto, diez años de experiencia en materia de software de código abierto. Además, desde que en enero del 2010 dicha empresa puso en marcha *opensource.com*, considerándola como un servicio a la comunidad, he tenido en la misma diversas responsabilidades incluyendo las de Director del Proyecto durante su puesta en marcha, más tarde las de Supervisor de Contenidos y colaborador con trabajos propios,

---

4 *Red Hat* es una multinacional estadounidense dedicada al suministro y mantenimiento de software de código abierto. Visitar en internet el sitio web *www.redhat.com*.

y ahora las de Director General.

Opensource.com tiene como principio publicar todos sus contenidos bajo licencias *Creative Commons*[5] y una serie de artículos y entrevistas publicadas en dicho medio han sido incorporados a este libro. De hecho este libro no hubiese sido posible sin *Creative Commons*, una variedad de licencias a través de las cuales los autores ceden sus derechos y hacen posible la publicación de obras como ésta.

El propósito de este libro es contar la historia del código abierto de Raleigh e instar a otras personas, no sólo a participar en el movimiento por un gobierno abierto, sino también a que implanten sus ideas en sus ciudades, de manera que nos permita adaptarlas y mejorar nuestro propio Gobierno Municipal.

Deseo que esta narración sea un catalizador para que haya más gobierno abierto, más datos abiertos[6] (*open data*) y

---

5   Con el objetivo de regular la forma legal en la que los autores ceden derechos asociados a la propiedad intelectual sobre cualquier obra de creación propia, surgió la organización *Creative Commons*, que establece una serie licencias para tal fin. Visitar en internet el sitio web *http://creativecommons.org*.

6   "Datos abiertos" (*open data* en inglés) hace referencia a la idea de que determinados datos deberían estar disponibles para que cualquier persona los pueda reutilizar de forma libre, sin restricciones de *copyright*, patentes u otros mecanismos de control. Esta idea cobra popularidad con el surgimiento de internet, la *World Wide Web* y, especialmente, con el lanzamiento de inciativas por un gobierno abierto de las que se habla a lo largo de este libro.

más participación ciudadana, en Raleigh y en muchas otras ciudades.

Capítulo I: Definición de Ciudad de Código Abierto

Antes de definir las características fundamentales de una "ciudad de código abierto" debemos aclarar algunos conceptos, ya que los términos "código abierto", "gobierno abierto" y "datos abiertos", son nuevos para la mayoría de los ciudadanos.

Si queremos tener en nuestra ciudad un Gobierno más transparente, participativo y colaborador, es necesario que conozcamos de la forma más precisa posible el significado de tales conceptos.

1.- ¿Qué significa "código abierto"?

Los programas informáticos se escriben (programan) mediante lenguajes de programación (C, C++, Java, etc.) en documentos que denominamos "código fuente" (*source code*) de esos programas. Pero un ordenador no puede hacer uso de forma directa de esos documentos escritos en dichos lenguajes y es necesario convertirlos (compilarlos) a un lenguaje que el ordenador comprenda, generalmente una secuencia de ceros y unos, es decir, lo que llamamos "código binario" (*binary code*). Cuando compramos un programa o una aplicación como *Microsoft Office*, *Adobe Reader* o *Photoshop*, lo que se nos da con el CD del programa o la descarga electrónica, es el programa escrito en código binario, es decir en el formato que comprende nuestro ordenador.

Un programa informático con el que no se facilita su "código fuente", se dice que es un "programa privativo" o "programa cerrado". En este caso se priva a los programadores de la posibilidad de conocer cómo está diseñado el programa y en consecuencia son incapaces de modificarlo, corregirlo o mejorarlo libremente. El propietario, o la empresa propietaria, que proporcionó el programa controla quién tiene acceso y permiso para modificar el "código fuente".

Por el contrario, cuando con el programa se suministra, además del "código binario", el "código fuente" se dice que el programa es "de código abierto", porque da a diseñadores y programadores la oportunidad de examinar cómo está diseñado el programa y hacer las modificaciones, correcciones o mejoras que deseen, y además poder compartirlas.

Una analogía que ayuda a comprender el concepto a personas que no están familiarizadas con los programas informáticos de código abierto, es compararlos con una receta de cocina. Si lo pensamos, una receta de cocina es simplemente una lista de ingredientes y un conjunto de instrucciones, lo que en el mundo del software llamaríamos "código fuente". Pero una receta de cocina es además de código abierto porque se puede modificar, mejorar y compartir.

Supongamos que un amigo nos da (comparte) una receta para hacer galletas con virutas de chocolate. Probamos la receta y nos gusta. Pero las virutas de chocolate nos vuelven loco y decidimos poner el doble (modificar) cuando hacemos la siguiente hornada de galletas. Después de cocinar esta hornada las galletas nos gustan tanto que compartimos la receta mejorada con otros amigos. Ahora tenemos una receta (mejorada) para hacer galletas con el doble de virutas de chocolate.

Es decir, que dado que la receta es esencialmente "de código abierto", somos libres de modificar el "código fuente" (ingredientes e instrucciones) para ajustarla a nuestras necesidades y deseos. Se trata, en resumen, de la libertad para modificar y mejorar el software y ponerlo a disposición de otros para que puedan continuar mejorándolo.

La organización sin ánimo de lucro *Open Source Iniciative* (OSI) establece que un programa informático es "de código abierto" cuando no sólo su "código fuente" está disponible para todo el mundo, sino cuando también las formas de cesión y uso de dicho programa cumplen con las condiciones establecidas en alguno de los modelos de cesión y uso homologados por dicha organización. Esta claridad de las reglas de juego es una de las razones por las que el software de código abierto se ha hecho tan popular.

En el escenario que hemos definido se ha consolidado un modelo de trabajo para el desarrollo de software de código abierto. Diseñadores y programadores de todas las partes del mundo empezaron a desarrollar software proporcionando públicamente su "código fuente" y trabajando en común con aquellos que querían participar, llevando a cabo sucesivas mejoras que a su vez podían ser compartidas, dando lugar a otras. Esta forma de trabajar "en abierto" es lo que ha producido tantas innovaciones en la industria del software y en otras áreas.

No cabe duda de que Internet ha permitido que este tipo de colaboración sea más dinámico y que este modelo de trabajo y desarrollo se haya extendido tan ampliamente.

En consecuencia, para mí, el código abierto no es sólo un tipo de programas informáticos o una forma de desarrollar aplicaciones informáticas. Es una filosofía, una cultura, un esquema de trabajo en equipo.

La forma de trabajar que ha permitido configurar un modelo eficaz de desarrollo de programas de código abierto, basada en la transparencia y la colaboración, la implementación temprana de prototipos, la meritocracia y la participación, está siendo puesta en práctica en otras facetas de nuestra vida diaria.

A lo largo de este libro me referiré a este concepto como "el método del código abierto" (*the open source way*).

1.1.- El ingrediente secreto del método del código abierto[7]

El método del código abierto tiene un secreto, algo que comparten todas las comunidades vinculadas al código abierto que trabajan eficazmente y que las hace diferentes a las demás.

A los que no han tenido experiencia con comunidades de este tipo y también a los que se están iniciando en la temática del software de código abierto, puede que les cueste un poco entender sus peculiaridades, la forma en que sus miembros comparten, se comunican y se organizan. Cada comunidad es distinta pero tienen unas cuantas cosas en común sobre las que se basa el éxito de sus proyectos.

Para todas esas personas les será muy útil leer el libro *The Open Source Way* que se encuentra disponible en la web, donde se explican de forma muy clara, los diferentes modos de organizarse que tienen estas comunidades.

Por otra parte, las personas que de alguna manera han tenido experiencia con el método del código abierto, creo que estarán de acuerdo conmigo en que todas estas comunidades tienen algo en común que es lo que realmente las motiva, y que hace que no constituyan simplemente un sistema para

---

7 Adaptado de *"The secret ingredient in open source"*, © 2012 *opensource.com*, publicada bajo licencia *Creative Commons Attribution-ShareAlike 3.0 Unported.*

compartir software como *GitHub*, o un medio para poder hablar juntos como IRC (*Internet Relay Chat*), o una lista de correo como *Google Group* o *Yahoo Group*. Es algo que todos y cada uno de nosotros aportamos a la comunidad cada día. Ese ingrediente secreto, que hace que realmente el método del código abierto funcione, no es otra cosa que el entusiasmo.

Ahora veremos unos cuantos ejemplos que aclaran mi afirmación.

1.1.1.- ¿Qué versión de *Linux* usas?

Hicimos esta pregunta sencilla y directa en *opensource.com* y hasta hoy ha sido, con mucha diferencia, la encuesta que ha tenido más eco, con cientos de respuestas y comentarios.

Linux es un sistema operativo de código abierto creado por técnicos de todo el mundo que trabajan de forma independiente o para diferentes compañías que desarrollan aplicaciones de código abierto. Se trata de una alternativa a los sistemas operativos "privativos" como los creados por *Microsoft* o *Apple*.

Empresas como *Red Hat* a través de *Red Hat Enterprise Linux* o comunidades como *Debian* a través de *Debian GNU/linux*, integraron varios programas informáticos de código abierto y crearon un sistema operativo denominado *Linux*. Hay una potentísima comunidad mundial que crea, apoya y defiende dicho sistema operativo, y son cientos las versiones (distribuciones) disponibles, cada una con sus características peculiares, en base al sistema operativo original.

Me pregunto por qué aquella encuesta que hicimos en *opensource.com* tuvo tanto éxito. ¿Por qué aquella pregunta tuvo tantas respuestas? Mi conclusión es que la comunidad *Linux* es absolutamente entusiasta, pero no sólo son entusiastas sino que además son defensores y propagadores del proyecto *Linux*. Los miembros de las comunidades vinculadas al código abierto están orgullosos de sus logros, de la tecnología y del software que usan y es natural que expresen su entusiasmo contándoselo a todo el mundo.

1.1.2.- Cultura abierta impulsada por el entusiasmo

Una de las cosas que más me gusta de mi trabajo es enseñar la "cultura *Red Hat*" durante el periodo de formación de los nuevos empleados en la empresa. Cada dos semanas tenemos un grupo de nuevos empleados que se incorporan a *Red Hat* y pasan por un periodo de formación que dura dos días. Mi función es explicarles cómo se trabaja en la empresa y cómo todos colaboramos y nos motivamos mutuamente para que las mejores ideas sean las que prevalezcan.

Al final del último día, siempre les pido que me describan lo que piensan acerca de lo que les he dicho de la "cultura *Red Hat*", qué les ha sugerido a cada uno de ellos lo que les hemos contado, incluyendo los videos que les hemos mostrado relacionados con la "cultura *Red Hat*" y los eventos celebrados. De la mayoría de ellos obtengo respuestas muy similares que se refieren a aspectos tales como la colaboración, la apertura, lo diversificado y ameno del trabajo y, lo han adivinado, ¡al entusiasmo!

Y es verdad que durante el tiempo que llevo en *Red Hat* he trabajado con gente realmente entusiasta. Desde los veteranos que llevan trabajando años en esta cultura hasta los novatos que están ansiosos por trabajar de una manera diferente, todos están entusiasmados por desarrollar su trabajo en un ambiente de colaboración, donde sus aportaciones y sus ideas son importantes. Cuando veo el brillo en sus ojos y oigo la ilusión en sus voces, sé que están preparados para formar parte de la cultura del código abierto.

1.1.3.- Ser parte de algo más importante que uno mismo

Como explicaremos en el capítulo VI, cuando colaboré en formar un equipo de ciudadanos voluntarios en Raleigh, tuve la suerte de encontrarme con personas entusiastas.

Este grupo de ciudadanos voluntarios trabajó en un proyecto para incorporar la aplicación informática *Adopt-A-Shelter* ("Adopta una Marquesina") desarrollada por *Code for America* al proyecto *Adopt-A-Shelter in Raleigh* ("Adopta una Marquesina en Raleigh") a través de la plataforma *adoptashelter.raleighnc.gov*.

Code for America es una organización sin ánimo de lucro cuya actividad está centrada en la promoción de mejoras ciudadanas a través de aplicaciones informáticas de código abierto y hablaremos de ella más adelante.

El proyecto *Adopt-A-Shelter in Raleigh* mostraba casi 200 marquesinas de paradas de autobuses disponibles para que ciudadanos, empresas u organizaciones de voluntarios se hicieran cargo del mantenimiento y conservación.

Aunque el Ayuntamiento no nos lo pidió, nuestro grupo participó en la campaña *Race for Reuse* ("Torneo por la Reutilización") organizada por *Code for America* en el año 2012. Como ciudadanos vimos una oportunidad para mejorar nuestra ciudad implementando una interfaz gráfica a un programa que la ciudad ya tenía operativo.

Lo importante para nosotros no era que el Ayuntamiento nos lo hubiese pedido o no, ni tampoco el hecho de llevar a cabo una implementación informática, lo importante era que suponía hacer nuestra ciudad y la experiencia ciudadana en ella, un poco mejor, al estilo del código abierto.

Lo mismo podemos decir de muchas otras comunidades vinculadas al código abierto. No se trata de nosotros como individuos, lo importante estriba en el impacto que nuestras aportaciones producen en la generación de un cambio positivo de nuestro mundo.

1.1.4.- La revelación del secreto

Las empresas y las organizaciones que no cuentan una comunidad entusiasta fallan cuando intentan obtener el éxito que ven en otras comunidades de código abierto. ¿Por qué? Porque no se puede obligar a la gente a ser entusiasta. El entusiasmo no se puede enseñar ni entrenar. Surge del corazón y es lo que motiva a las personas a contribuir.

Cuando seamos conscientes de que el entusiasmo es el ingrediente secreto del método del código abierto, entonces estaremos empezando a arañar la superficie de lo que podemos conseguir. El método del código abierto nos enseña a colaborar, a ser transparentes y participativos, pero no nos enseña a ser entusiastas. El entusiasmo es lo que nosotros aportamos a nuestras comunidades y lo que las hace grandes. El entusiasmo es lo que nos permite cambiar el mundo a través del método del código abierto.

***

Más adelante veremos cómo descubrí mi entusiasmo por mis conciudadanos, los habitantes de Raleigh, y por los movimientos por un gobierno abierto y una política de datos abiertos. Pero primero echemos un vistazo a los conceptos de "gobierno abierto" y "datos abiertos".

2.- ¿Qué significa "gobierno abierto"?

Gobierno abierto significa distintas cosas para diferentes personas. ¿Es algo así como transparencia, colaboración y participación? ¿Puede ser una combinación de las tres cosas? Estas características son muy familiares para los partidarios del método del código abierto porque son esenciales en nuestras comunidades.

Poco después de que el Presidente Obama jurara su cargo en 2009, una de las primeras cosas que hizo su Administración fue aprobar una iniciativa en relación con el gobierno abierto. En la página web *whitehouse.gov/open*, el Presidente Obama y su equipo manifestaron lo siguiente:

"Mi Administración se compromete a conseguir un nivel de apertura en el Gobierno como nunca antes lo hubo. Trabajaremos juntos para consolidar la confianza de nuestro pueblo y establecer un sistema de transparencia, de participación ciudadana y de colaboración. La apertura fortalecerá nuestra democracia e incrementará la eficacia y la eficiencia del gobierno".

Si consideramos el Gobierno como una plataforma y le incorporamos las tecnologías de la "computación en la nube" (*cloud computing*) y los sistemas digitales de comunicación social disponibles, las posibilidades de futuro del incremento de la participación ciudadana son fantásticas. La combinación de las nuevas tecnologías y la colaboración ciudadana es lo que a menudo se denomina Gobierno 2.0.

"Gobierno 2.0. sería el que usando las nuevas tecnologías

que están a nuestra disposición, principalmente internet, co-diseñe la próxima era de la democracia en colaboración con los ciudadanos. Esto es, un gobierno más transparente, que rinda cuentas mejor, y más comprometido y participativo a la hora de satisfacer las necesidades de los ciudadanos." - Pia Waugh, asesora política y líder del movimiento por un gobierno abierto.

Para mí, el concepto de "gobierno abierto" tiene que ver con la participación ciudadana, y con crear un diálogo de doble sentido entre los ciudadanos y el Gobierno. El auténtico gobierno abierto tendrá lugar cuando éste acepte el concepto de "apertura" y los ciudadanos tengan plena participación en las decisiones gubernamentales. El objetivo final es que las empresas, el Gobierno y los ciudadanos colaboren para mejorar nuestra calidad de vida y experiencia como ciudadanos.

El código abierto nos enseña que haciendo pruebas sencillas podemos ir mejorando de forma progresiva, y de esa manera conseguir que las mejores ideas vean la luz.

3.- ¿Cuál es la definición del concepto de "datos abiertos"?

Una de las mejores maneras de comprender el significado del concepto de "datos abiertos", es leyendo el manual *Open Data Handbook* editado por la *Open Knowledge Foundation* que está disponible en la web. En ese manual, siguiendo lo establecido por la organización *Open Definition* (*opendefinition.org*), se define el concepto de la siguiente manera:

> *"datos abiertos* se refiere a los datos suministrados de manera que puedan ser usados, reutilizados y redistribuidos libremente por cualquier persona con el único requisito, como mucho, de citar la autoría y compartir los resultados de igual modo (*share-alike*)."

Y se indican las características más importantes que deben cumplir esos datos también de acuerdo con la organización *Open Definition*, y que en resumen son:

- **Disponibilidad y Acceso**: los datos deberán estar disponibles en su totalidad y sin más coste que el razonable de reproducción, preferiblemente a través de su descarga en internet. Los datos también disponibles en un formato cómodo y modificable.

- **Uso y Reutilización**: Los datos deberán estar disponibles bajo unas condiciones que permitan su utilización con otros fines, así como su redistribución, incluyendo la posibilidad de combinarlos con otros conjuntos de datos.

- **Derecho de Uso Universal**: todo el mundo debe tener el derecho a usar, reutilizar con otros fines y redistribuir los datos sin que haya discriminación en relación con sectores de actividad, grupos o personas. Por ejemplo, no se permiten las restricciones del tipo "para uso no comercial" que impidan su uso en actividades lucrativas, o limitaciones de uso para ciertos fines (por ejemplo, "sólo en educación").

Si alguien se pregunta por qué es tan importante tener claro el concepto de "datos abiertos" y por qué se utiliza esta definición hay una respuesta sencilla: interoperabilidad. La cualidad de la interoperabilidad expresa la capacidad de los diversos sistemas y organizaciones para trabajar juntos (interoperar). En este caso, significa la capacidad de interoperar o de combinar diferentes conjuntos de datos.

"La interoperabilidad es importante porque permite que diferentes componentes funcionen juntos. Esta capacidad de conectar diversos componentes es esencial para construir sistemas más grandes y complejos. Sin interoperabilidad esto es casi imposible, como se evidenció en el famoso mito de la Torre de Babel donde la incapacidad para comunicarse (interoperar) dio lugar a que se perdiera todo el esfuerzo empleado en la construcción de la torre."[8]

Probablemente lo más sencillo que se puede decir acerca de los datos de este tipo es que basta con que estén disponibles y sean accesibles. Poner datos en un sitio web en un archivo *pdf* no contribuye a la idea de "datos abiertos". Pero extraer la información de ese *pdf* y ponerla en otro formato mo-

---

8 Definición de "datos abiertos" tomada de *"The Open Data Handbook"*, © 2010-2012, *Open Knowledge Foundation*. Publicada bajo licencia *Creative Commons Attribution-ShareAlike 3.0 Unported.*

dificable sí es trabajar en favor de la filosofía de los datos abiertos.

El proyecto *DocHive* desarrollado por un grupo de periodistas locales aquí en Raleigh hace exactamente eso. En el capítulo III veremos por qué añadir un sistema de visualización de este tipo de datos es también un tema importante.

Como se puede ver en las definiciones de la *Open Knowledge Foundation*, la interoperabilidad y la posibilidad de disponer de los datos en formatos abiertos estandarizados, son algo esencial. A lo largo de este libro veremos cómo la filosofía de los datos abiertos juega un papel importante a la hora de hacer más eficaces los esfuerzos en temas de desarrollo económico y puede servir de catalizador de la innovación ciudadana.

4.- Los comienzos de mi implicación como ciudadano

He vivido en Raleigh desde 1996 cuando me matriculé en la Universidad del Estado de Carolina del Norte para estudiar Ingeniería Eléctrica. Al ser estudiante vivía en el Campus y por entonces estaba despreocupado de los temas de la gobernanza la ciudad. Mi primera relación con el Gobierno fue cuando voté por primera vez en las elecciones de 1996, y no fue hasta después de terminar la carrera en el año 2000, que descubrí mi pasión por los temas de la ciudadanía.

4.1.- Asfaltando el camino del futuro

Varios proyectos moldearon mi entusiasmo y mi perspectiva de la implicación ciudadana. El primero fue el proyecto de una calle de mi barrio. Poco después de que mi mujer y yo compráramos nuestra primera casa pensé en la necesidad de conseguir que se asfaltara la calle. Una parte de ella, *Lineberry Drive*, estaba asfaltada en uno de los lados de la calzada y con gravilla en el otro en un tramo de casi 1.300 metros y más allá sólo con gravilla otros 1.500 metros. La calle conectaba nuestro barrio con una avenida más importante, de manera que me decidí a aprender lo que se necesitaba hacer para conseguir que se asfaltara toda la calle y así librarnos de la gravilla.

El tema de la seguridad era la mayor preocupación. En la parte que estaba asfaltada en sólo uno de los lados, los conductores iban por ese lado para evitar la gravilla y yo mismo presencié muchas situaciones en las que varios coches estuvieron a punto de colisionar.

Durante el tiempo que duró el proyecto me reuní con todos los vecinos que vivían en mi calle y en las de alrededor. Colgué una petición en la red, usando un página web donde además dábamos a conocer los trabajos que estábamos haciendo, esto fue antes de que los blogs se popularizaran, y conseguimos obtener apoyo de los vecinos. Me puse en contacto con el Departamento de Transporte del Estado de Carolina del Norte (*NCDOT*), con el de Obras Públicas del Ayuntamiento de Raleigh y con los propietarios de las viviendas de la zona afectada.

Una complicación fue la titularidad. Como ocurre con otras muchas calles en Raleigh, aunque la nuestra pertenecía a la ciudad, su mantenimiento era responsabilidad del Estado, por lo que aprendí un montón sobre la propiedad de los derechos de paso, sobre los presupuestos del *NCDOT* y sobre cómo se priorizaban los proyectos. Pero lo más importante fue que supe cómo trabajar de forma positiva con los diferentes servicios técnicos del Gobierno y que proyectos de este tipo requieren paciencia para adaptarse a las planificaciones presupuestarias a medio plazo que establecen los citados servicios gubernamentales.

Durante el desarrollo de los trabajos que íbamos haciendo vimos la oportunidad de bajar el límite de velocidad permitida en la calle de 55 a 40 km/h. Me enteré de qué hacía falta para que eso se hiciera, reuní el número de firmas requeridas y conseguimos que la velocidad se redujera. Esto fue una pequeña victoria y un gran paso para mejorar la seguridad de la calle. Durante un proyecto importante como éste es fundamental conseguir pequeños logros para mantenerse motivado.

Unos 3 años y medio (exactamente, 1.375 días) después de que comenzara con el proyecto, el equipo del Departamento de Transportes de Carolina del Norte estaba asfaltando la parte de gravilla de la calle. Proyectos de estas características llevan tiempo y necesitan mucha perseverancia. La dedicación que le presté puso a prueba de forma definitiva mis habilidades y mi paciencia. Además, disfruté tanto la experiencia y el ver cómo se puede mejorar mi comunidad de forma tan contundente que me metí de lleno en el tema de participación ciudadana e inicié la senda de la iniciativa cívica.

4.2.- Inicio de un programa de vigilancia ciudadana

La vigilancia de nuestro barrio fue otro proyecto que consolidó mi compromiso con los temas de mi comunidad, y fue el primero en el que apliqué la filosofía del código abierto a un tema no relacionado con software.

Nuestro grupo de vigilancia vecinal *Pleasant Ridge & Ramsgate* se puso oficialmente en marcha en marzo del año 2003. Dos vecinos y yo fundamos el grupo bajo la forma jurídica de una organización sin ánimo de lucro, dedicada a la seguridad, a la prevención y al cuidado de la propiedad, lo cual nos sirvió para darle consistencia.

En todos los grupos de apoyo a la prevención de la delincuencia, la participación y la colaboración de los ciudadanos aumenta cuando se producen delitos y se reduce cuando todo va bien. Nuestro grupo no fue diferente, pero seguimos los consejos del manual del código abierto sobre la organización de comunidades y eso fue lo que nos diferenció de otros grupos de vigilancia ciudadana y nos permitió constituir un grupo fuerte y entusiasta.

Otros vecinos influyentes y yo mismo, usamos los métodos tradicionales para fortalecer el grupo, tales como ir puerta por puerta para fomentar la participación pero también incorporando algo de tecnología y establecimos en internet una plataforma con una doble vía de comunicación entre los vecinos y la organización. Éramos absolutamente transparentes con el orden del día y las notas resumen de las reuniones. Colgábamos dichas notas en la web pero antes las mandábamos por correo electrónico a los vecinos permitiéndoles mejorar las actas e incluso añadir cosas. Todo este trabajo ayudó a establecer una relación de confianza entre los vecinos y el grupo.

A lo largo del tiempo, veíamos picos y valles en la participación vecinal pero siempre había nuevos vecinos que venían a nuestras reuniones y los demás actos que celebrábamos iban ganando en asistencia. La estrategia que para nosotros funcionó fue organizar una serie de eventos, aparte de las reuniones del grupo, que hicieran que los vecinos estuvieran juntos. Organizamos el día de la limpieza de las calles, la "verbena de la sandía", una fiesta donde se intercambiaban galletas de chocolate y un mercadillo de cosas de segunda mano en el barrio. Había vecinos que nunca venían a nuestras reuniones pero participaban en estos eventos. Esta estrategia para consolidar nuestro grupo fue la clave de nuestro éxito.

Usar la metodología utilizada en el desarrollo de aplicaciones de código abierto para organizar un programa de vigilancia vecinal me demostró que era una forma válida para ampliar mis conocimientos en materia de código abierto y aplicarlos en proyectos que no tuvieran que ver con el software. En aquel entonces no me había planteado que esa metodología de desarrollo de software podía hacer mejor a mis vecinos. Ahora que he tenido tiempo para mirar atrás y ver sus efectos me doy cuenta de que la filosofía del código abierto fue lo que condujo al éxito de la consolidación del grupo.

5.- Cómo se llega a ser un experto en ciudadanía

Mientras ayudaba a formar el grupo de vigilancia y a llevar a cabo el proyecto de asfaltar mi calle, aprendí una serie de cosas que afianzaron mi concepto de ciudadanía con sus derechos y obligaciones. Además hice dos cursos que me proporcionaron un conocimiento esencial acerca del Gobierno Municipal y del Gobierno del Estado.

En la primavera del 2005 asistí y terminé un curso en la Escuela para la Ciudadanía de Raleigh. Se trata un curso gratuito ofrecido por el Departamento de Servicios para la Comunidad donde los participantes, junto con los responsables de los distintos Departamentos de la ciudad, revisan una serie de herramientas y procedimientos involucrarse en asuntos vecinales y en organizaciones comunitarias. Cuando terminé el curso, tenía un profundo conocimiento de los distintos Departamentos del Gobierno de la ciudad y de cómo trabajaban con los del Condado. También establecí contactos personales con los responsables claves de los Departamentos, algo que más tarde me ayudó en la realización de nuevos proyectos.

En mayo del 2007 me gradué en la Escuela de Dirigentes de Carolina del Norte. Fue un curso de 6 meses que reunió a 50 dirigentes del sector privado, del público y de organizaciones sin ánimo de lucro de todo el Estado de Carolina del Norte para enseñarles qué tipo de problemas tenía dicho Estado. El curso se centraba en 5 áreas: Gobierno, Educación, Servicios Sociales y Sanidad, Medio Ambiente y Desarrollo Económico. Al final del estudio de las 5 áreas empecé a darme cuenta de lo compleja que es la organización gubernamental del Estado y cómo cada una de estas áreas se relaciona con las otras.

Mi experiencia en la Escuela de Dirigentes de Carolina del Norte fue realmente importante. Entré en contacto con una gran variedad de compañeros de curso con los cuales aún mantengo relación. Algunos de ellos han hecho carrera política presentándose a las elecciones, otros trabajan ahora para el Gobierno del Estado y otro tipos, como yo, hemos vuelto al sector privado con un amplio conocimiento operativo y con una gran red de contactos y colegas comprometidos en temas cívicos. Los asuntos que tratamos fueron de gran interés, y se analizaron, aportando ideas novedosas, tanto los retos como las oportunidades con los que el Estado de Carolina del Norte se estaba enfrentando o se tendría que enfrentar en un futuro.

En 2009 coordiné un grupo de voluntarios para desarrollar el Plan Global de Raleigh para 2030. Este plan global es un documento político donde se establecen a largo plazo los objetivos de la ciudad, donde se dan unas directrices para propiciar el crecimiento y el desarrollo, y donde se establecen unas líneas de actuación para conseguir dichos objetivos. Esto supuso una gran oportunidad para aplicar en algo útil lo que había aprendido en la Escuela para la Ciudadanía de Raleigh y en la Escuela de Dirigentes de Carolina del Norte.

Constituimos diversos comités para diferentes temas tales como transporte, medio ambiente y parques y zonas de esparcimiento. Durante el periodo de información al público el grupo de voluntarios propuso 53 recomendaciones sobre el Plan Urbanístico y más de 100 comentarios acerca de lo planeado para nuestro distrito en el suroeste de Raleigh.

El municipio fue recogiendo los comentarios de los ciudadanos a las propuestas y sugerencias a través de un portal especialmente diseñado y mantenido por *Limehouse Software*. Aunque el software empleado no era propiamente de código abierto, el método que se siguió en parte sí lo fue. Los ciudadanos y los expertos en planificación tuvieron la oportunidad de hacer sus comentarios sobre cada parte del Plan Global y los técnicos del Municipio respondieron a todos ellos y además lo hicieron públicamente. Esta transparencia fue la primera etapa del camino hacia un gobierno abierto para la ciudad de Raleigh.

5.1.- Mi implicación en el Consejo Asesor de Ciudadanos

Una de las organizaciones más importantes en las que me he visto involucrado en los últimos años ha sido el Consejo Asesor de Ciudadanos de mi distrito. Unirme a este grupo, donde me encontré con personas de ideas afines a las mías, fue un catalizador para mi posterior implicación en organizaciones mayores que iban más allá de mi barrio. Durante el proyecto para asfaltar mi calle empecé a asistir a las reuniones mensuales del Consejo Asesor del Distrito Suroeste. Los Consejos Asesores de Ciudadanos (CAC) funcionan como un puente entre los ciudadanos y el Gobierno de la ciudad. Sus dirigentes son los únicos no designados por el Ayuntamiento de Raleigh y son elegidos por los vecinos de acuerdo con sus estatutos. Cuando me incorporé había 18 Consejos Asesores de Ciudadanos. Ahora hay 19 pero es previsible que este número crezca conforme al incremento de la población que se estima que se duplique en el año 2030.

En abril de 2009, cuando fui nombrado coordinador del CAC del suroeste, nada más llegar al cargo hice 3 cosas. Primero, fui transparente con el grupo que iba a dirigir durante 2 años. Segundo, establecí unos objetivos alcanzables para el grupo los cuales deberíamos conseguir juntos. Tercero, hice un montón de preguntas y escuché a muchas personas antes de hacer algunos cambios en la manera en la que debíamos funcionar.

Como en otras ocasiones en las que me he implicado, adquirí gran experiencia dirigiendo el grupo. Logramos los objetivos que nos habíamos marcado y poco a poco hicimos algunos cambios que hicieron avanzar al grupo en una nueva dirección. Ocurrieron dos cosas durante mi mandato que replantearon mi entusiasmo y me condujeron a nuevos objetivos.

En primer lugar descubrí el movimiento por un gobierno abierto. Algo que parece encajar de forma natural en un grupo como el CAC, pero que no se daba porque éste carecía del componente informático, que era otra de mis pasiones. Es una pena que no haya más tecnología involucrada en el conjunto de los CAC. Traté de introducir algo de tecnología mientras dirigí mi CAC, pero no encontré el apoyo que esperaba.

En segundo lugar me di cuenta que otras responsabilidades y mis obligaciones familiares me impedían dedicar el tiempo necesario para dirigir eficazmente el grupo a fin de alcanzar los objetivos planteados, pero fui capaz de delegar mis funciones en otros compañeros, asistir regularmente a nuestras reuniones y participar en otras actividades de mi CAC.

La ciudad de Raleigh obtiene un beneficio sin igual de la participación ciudadana gracias a los CAC. Cada CAC funciona de forma independiente, no tienen filiación política, y cada uno de ellos se centra en los problemas importantes de su área geográfica. El conjunto de los responsables de cada CAC conforma el Consejo Asesor para la Ciudadanía de Raleigh (RCAC). Durante las últimas 4 décadas los CAC han demostrado ser un pieza clave para la implicación de los ciudadanos.

6.- Abriendo camino a los datos abiertos

Durante el transcurso de mi implicación en los temas comunitarios, asistí con frecuencia a la reuniones del Consejo de la ciudad de Raleigh. En el pleno del Ayuntamiento para la aprobación de los presupuestos en junio de 2005, hice un petición un tanto inusual que captó la atención de varios responsables de la ciudad.

Solicité que se habilitaran medios y recursos económicos para que el programa estadístico *COMPSTAT*, utilizado por el Departamento de Policía de la ciudad para el análisis de la criminalidad, estuviera a disposición de los ciudadanos de Raleigh como un medio de información estadístico en tiempo real acerca de los delitos que se cometían. Hice referencia a la página web *chicagocrime.org* que había encontrado, donde se señalaban los delitos que se cometían localizados sobre un mapa de *Google*. Mi opinión era que Raleigh podría tener algo parecido.

En las semanas siguientes me reuní con los representantes del Departamento de Policía de la ciudad para ampliarles detalles sobre mi propuesta. Aunque no les podía dar soporte técnico sí les informé sobre los comentarios realizados por las asociaciones de informáticos y las expectativas ciudadanas que se habían generado. Unos meses más tarde Raleigh hizo pública su primera versión de su mapa con la ubicación de los delitos que se cometían.

En aquél momento no me di cuenta de que aquello era esencialmente una petición de datos abiertos. Antes de que yo supiera lo que era un gobierno abierto o un sistema de datos abiertos estábamos abriendo el camino en Raleigh hacia una ciudad de código abierto.

7.- ¿Qué hace que una ciudad sea "de código abierto"?[9]

¿Qué cualidades hacen a una ciudad "de código abierto"? ¿Es la tecnología, la política gubernamental o las innovaciones procedentes del sector empresarial? Todos esos son elementos claves, pero realmente lo principal y básico es la mentalidad de sus ciudadanos. Consiste en tomar la filosofía del código abierto y ponerla en práctica a través de una cultura de participación.

---

9 Adaptado de *"What makes a city open source?"*, © 2012 *opensource.com*, publicada bajo licencia *Creative Commons Attribution-ShareAlike 3.0 Unported.*

En enero del 2012, *Red Hat*, la mayor empresa del mundo en suministrar soluciones informáticas de código abierto, donde yo trabajo, anunció que mantendría su sede social principal en Raleigh. Con esta noticia, la ciudad de Raleigh se posicionaba para establecer un creciente ecosistema de colaboradores y suministradores alrededor del líder de la tecnología de código abierto con el fin de consolidar el prestigio de Raleigh como líder de las ciudades de código abierto.

Por supuesto que Raleigh no es la única ciudad que está tirando del carro del código abierto. Portland, Oregon, Montreal, Quebec en Canadá y otras ciudades son conocidas por sus sólidas asociaciones y grupos de trabajo de código abierto. Montreal parece centrada en llegar a ser un núcleo para la puesta en marcha de empresas centradas en el software de código abierto. Por su parte Portland se está dirigiendo más a conseguir un gobierno abierto, con políticas de datos abiertos, y a dar soporte a la *OSCON (O'Reilly Open Source Conference)*, uno de los mayores congresos que se dan en el mundo en torno al código abierto.

¿Qué hace que una ciudad pueda ser considerada auténticamente de código abierto?

La ciudad de Raleigh está priorizando la colaboración, la transparencia y la apertura. La alcaldesa de Raleigh, Nancy McFarlane, lo ve así: "El código abierto es una filosofía que ha tenido un amplio impacto tanto en la creación de software como en la generación de cultura. Colaboración, transparencia y apertura representan el futuro de la gestión de nuestra comunidad empresarial porque esos conceptos ayudan a promover un clima para la innovación y el crecimiento de los negocios."

La creación de un ecosistema que promueva en el Gobierno la transparencia, la participación y la colaboración va más allá del crecimiento económico y de la innovación. Lo que está ocurriendo en Raleigh va directamente al corazón de lo que es una ciudad de código abierto, esto es: los ciudadanos.

Es la comunidad de ciudadanos de Raleigh la que está trabajando codo con codo con los responsables de la ciudad para acoger congresos acerca de los Gobiernos Abiertos, implantando aplicaciones informáticas de código abierto y desarrollando políticas que fomenten una mayor apertura. Se trata de alianzas entre ciudadanos y sus representantes junto con los funcionarios municipales y la comunidad empresarial de la ciudad. Explicaremos una serie de historias que dan luz a esta alianza entre ciudadanos y responsables de Gobierno que están construyendo las bases de lo que será la primera ciudad de código abierto en el mundo.

7.1.- Los principios básicos de una ciudad de código abierto

Ahora que tenemos un mayor conocimiento de lo que es el

código abierto, lo que significa un gobierno abierto y la idea de datos abiertos, veamos cómo se pueden aplicar estos conceptos a una ciudad viva, a una ciudad que respira.

No debemos olvidar que con quienes tienen mayor interacción los ciudadanos es con las autoridades de su municipio, y su forma de gobernar es la que tiene mayor impacto en sus vidas, sean o no conscientes de ello.

Una ciudad de código abierto es una mezcla de cultura abierta, de una política abierta de gobierno y de desarrollo económico. He llegado a esa conclusión en base a mi propia experiencia y en ella me he basado para proponer unos principios básicos que deben regir en cualquier ciudad que quiera aplicar el método del código abierto en su cultura. Veamos cuales son concretamente, y a continuación los comentaremos con más detalle.

1. Fomentar una cultura de participación ciudadana.

2. Contar con una política abierta de gobierno efectiva.

3. Tener una iniciativa de datos abiertos efectiva.

4. Promocionar los grupos de usuarios de software de código abierto, así como los encuentros que organicen.

5. Constituirse en un núcleo de innovación y negocios basados en el software de código abierto.

Probablemente uno de los principios más difíciles de

aplicar en una ciudad de código abierto sea la promoción de la cultura de la participación ciudadana. El gobierno lo intenta a través de una variedad de tácticas que van desde reuniones públicas hasta foros *online*, pero si los ciudadanos no se implican o no prestan atención, todo lo que se haga no sirve de nada. Contar con ciudadanos que lideren de forma eficaz determinados proyectos puede ayudar de manera efectiva a estimular la participación y el compromiso de la ciudadanía.

La política es otro componente clave de una ciudad de código abierto. He separado las políticas abiertas de gobierno de las iniciativas de datos abiertos porque tienen impactos e implicaciones diferentes. Estas dos formas de hacer política se pueden dar a la vez, pero en ocasiones el Gobierno empezará a desarrollar sólo una de ellas, y cuando todo el mundo se haya acostumbrado, por ejemplo, a la aplicación de los principios del código abierto en el ejercicio de un gobierno abierto, la adopción de una actitud de datos abiertos será inevitable. En el capítulo III veremos la fórmula usada en el Ayuntamiento de Raleigh para aprobar una "Resolución para un Gobierno Abierto".

La participación ciudadana a la que nos hemos referido antes también se puede incrementar por otros medios, por ejemplo a través de los colectivos ciudadanos. Las personas con aficiones o inquietudes similares se agrupan alrededor de lo que les interesa, sólo hay que visitar el sitio web *meetup.com* y ver la cantidad de grupos que se reúnen sobre multitud de temas. Los encuentros de usuarios de software reúnen diferentes comunidades centradas en el código abierto. Acoger estos encuentros y prestar apoyo a los grupos de usuarios de software de código abierto ayudará a mejorar nuestra credibilidad como ciudad de código abierto.

Por último, contar con una estrategia de desarrollo económico que incluya empresas basadas en el negocio de software de código abierto puede ayudar a fomentar la innovación y a crear empleo. Cada vez más ciudades están viendo las ventajas de contar con una política de datos abiertos ligada a empresas incipientes (*startups*). Las ciudades que consigan combinar sus políticas de datos abiertos con sus estrategias de desarrollo económico pueden dar un impulso real a empresas de nueva creación y a otros negocios. Convertirse en un núcleo para las compañías y nuevas empresas basadas en el negocio del software de código abierto puede provocar un impacto positivo en la economía básica de la ciudad. Y lo que es más importante, esto redunda en la cultura y la participación.

A lo largo del resto del libro veremos cómo se están aplicando en Raleigh, Carolina del Norte, estos cinco principios, y hablaremos de otras experiencias vividas en mis aventuras por un gobierno abierto.

Capítulo II: La Cultura de la Participación Ciudadana

Comencé a darle vueltas a las cualidades que debería tener una ciudad de código abierto cuando, a finales del 2010, mi amigo Tom Rabon sembró esa idea en mi cabeza. Tenía curiosidad por saber cómo Raleigh, la ciudad en la que vivo, podría atraer a otras empresas centradas en el software de código abierto, ser centro mundial del movimiento por el código abierto, y líder en la implantación de un gobierno abierto. ¿Podría ser Raleigh la capital mundial del código abierto, de forma similar a como Silicon Valley lo es de la Informática, y París del Amor?

Por mi parte llegué a la conclusión de que la respuesta tiene que venir tanto del Gobierno Municipal como de la ciudadanía. En primer lugar nuestro Gobierno Municipal tiene que querer adoptar la filosofía del código abierto en su forma de hacer las cosas, y para ello tiene que ser transparente en la gestión de los asuntos y fomentar la participación de la ciudadanía. Por el lado de los ciudadanos tienen que estar dispuestos a participar y a contribuir con su tiempo y sus conocimientos. Las dos partes necesitan plantear acciones sencillas de ejecución que exploren la viabilidad de nuevas ideas y soluciones innovadoras.

En este capítulo hablaremos de la cultura de la participación ciudadana pero lo haremos en dos partes. En la primera contaremos cómo Raleigh comenzó con su primer evento *CityCamp*, y después en la segunda parte, profundizaremos en la forma de ser de las personas de Raleigh y cómo algunos de sus ciudadanos han promovido con sus actividades la formación de una cultura participativa.

Sin embargo, antes y a modo de introducción transcribiremos una entrevista que le hice a Charles Meeker, Ex-Alcalde de Raleigh, en la que nos habló de sus ideas acerca de cómo hacer de Raleigh la primera ciudad de código abierto del mundo y de su idea de gobierno abierto.

1.- Entrevista con el ex-alcalde Charles Meeker: Raleigh, Carolina del Norte, la primera ciudad de código abierto del mundo[10]

¿Qué diferencia a Raleigh de otros lugares? ¿Qué hace que Raleigh esté en mejor disposición de ser una ciudad de código abierto por delante de Nueva York, San Francisco, Londres, París o Beijing? En febrero de 2011 me senté con el alcalde de Raleigh, Charles Meeker, para identificar lo que hace que una ciudad sea de código abierto.

El Alcalde Meeker fue elegido en 2001 y ha estado diez años al servicio de la ciudad, durante los cuales ha ido adap-

---

10 Adaptado de *"Raleigh, NC—the world's first open source city"*, © 2011 opensource.com, publicado bajo licencia *Creative Commons Attribution-ShareAlike 3.0 Unported.*

tándose al método del código abierto, aprendiendo de *Red Hat* y de cómo esta empresa trabaja con su modelo de desarrollo de software de código abierto. Como abogado que es, no resulta extraño que comprenda los beneficios que se pueden obtener de la colaboración y del conocimiento compartido. Veamos por qué la ciudad de Raleigh reclama ser la primera ciudad de código abierto del mundo. A continuación transcribo la entrevista con la que empezó todo.

Señor Alcalde, ¿qué gran reto de los que tiene nuestra sociedad, además del avance tecnológico, podría resolverse con éxito a través del método del código abierto, es decir a través de la colaboración, la transparencia, la disposición a compartir, la meritocracia, la implementación temprana de ensayos, la ciudadanía, etc.?

Uno de ellos es el ahorro energético. Hemos llevado a cabo un proyecto para conseguir un sistema de iluminación más eficiente en unas zonas de Raleigh que, además, nos está dando beneficios. Y estamos promoviendo y compartiendo nuestras experiencias con otros municipios, incluyendo mediciones de la energía eléctrica consumida y de la calidad de la iluminación que producimos. Compartir este tipo de información es una parte importante de nuestro trabajo.

La ciudad de Raleigh cuenta con más de 40 instalaciones de iluminación LED con las que logramos un ahorro promedio de 160.000 €/año en el coste de energía eléctrica. La recuperación de la inversión se estima en 3-5 años. Esto una gran ventaja por ejemplo para los estacionamientos que están alejados porque se pueden instalar paneles solares y no es necesario tender nuevas líneas de suministro eléctrico.

La posibilidad de que las ciudades de todo el mundo adopten un sistema de iluminación más eficiente energéticamente hablando, es un gran reto y Raleigh quiere ser parte de esa historia, y ser reconocida como una de las primeras en adoptarla y compartirla. Difundir el mensaje de la iluminación LED con la ayuda de *CREE*, la empresa colaboradora, es muy importante para nosotros.

¿Cuáles son sus ideas sobre el gobierno abierto y el Gobierno 2.0, y qué puede hacer la ciudad de Raleigh para tener un Gobierno más abierto y transparente para sus ciudadanos?

En primer lugar, todas nuestras reuniones son abiertas al público, con muy pocas excepciones, pero la verdadera oportunidad consiste en aprovechar la experiencia que todos y cada uno de nuestros ciudadanos nos puedan aportar. Hay un montón de talento y experiencia a nuestro alrededor que podrían ayudar a resolver los problemas actuales de la ciudad.

Una forma de aprovechar dichos conocimientos es a través de los nuevos comités que estamos creando, como hicimos con el Comité del Ferrocarril cuyas propuestas y recomendaciones fueron aceptadas e implantadas por el Municipio.

También las observaciones que se nos han hecho acerca del sistema de recogida de las aguas de lluvia o sobre las tarifas de algunos servicios públicos nos han permitido sacar partido de la experiencia de nuestros ciudadanos para adoptar las mejores soluciones.

El Comité del Ferrocarril estará activo por lo menos los próximos 3 ó 4 años. Contamos en él con varias personas de gran experiencia, que están deseando compartir sus conocimientos para poder aplicarlos y ayudar a que se tomen las decisiones idóneas para mejorar el futuro de este medio de transporte.

Hacer que los ciudadanos conozcan lo que estamos haciendo y nos hagan llegar sus mejores recomendaciones al respecto, es un activo que está infrautilizado, pero nosotros lo hemos conseguido, como cuando el Comité para la Gestión de las Aguas Pluviales hizo unas observaciones sobre cómo actuar mejor para evitar las inundaciones. El Gobierno del Ayuntamiento pudo disponer de la experiencia que nos aportó el Comité y consiguió mejorar la gestión de dichas aguas.

¿Qué cualidades tiene una ciudad de código abierto?

Hay tres de ellas que me vienen a la mente:

- Disposición a compartir

- Disposición a recibir información

- Disposición a ser innovadores, creativos, y a ensayar

nuevas ideas

Los ciudadanos tienen que estar dispuestos a anticiparse al futuro. El método del código abierto es la estrategia que estamos utilizando para avanzar hacia ese futuro.

¿Qué tiene Raleigh para poder ser la primera ciudad de código abierto del mundo?

Nuestros ciudadanos están dispuestos a que Raleigh siga adelante y se centre más en el código abierto. Disponemos de un nivel tecnológico excelente y en consecuencia Raleigh está preparada para ser el centro mundial del código abierto.

La ventaja de nuestra ciudad es que tiene las posibilidades de crecer y de crear empleo. Nos gustaría ver que nuestro Centro de Convenciones acoge cada vez más eventos relacionados con el movimiento por el código abierto. Desearíamos ver que un montón de "pequeñas *Red Hat*", nuevas o ya consolidadas, viniesen a establecerse aquí porque nosotros apoyamos decididamente el código abierto.

Las entidades colaboradoras también son una parte importante en nuestra oferta, como por ejemplo la Oficina de Atención al Visitante del Centro de Convenciones o la Cámara de Comercio, entre otras. Necesitamos que apoyen la estrategia del código abierto y que la difundan como parte de nuestro Plan de Desarrollo Económico.

¿Cómo utiliza usted el método del código abierto en su vida diaria?

En el despacho de abogados en el que trabajo, intento dar la mayor cantidad de información posible a los compañeros más jóvenes. Una especie de puesta en común de los secretos profesionales para ayudarles a tener éxito más rápido.

Por otra parte y hablando francamente, les digo que una de las tareas más difíciles para cualquier persona que ocupe un cargo público es la escuchar. En lo que a mi respecta he conseguido que el 70-80% de mi trabajo sea escuchar. Nos tenemos que convencer que para tomar una decisión correcta hay que estar lo mejor informado posible.

2.- El primer *CityCamp Raleigh*

2.1.- El concepto *CityCamp* y cómo *CityCamp* llegó a ser una marca de código abierto, por Kevin Curry[11]

CityCamp es una serie internacional de congresos abiertos (*unconferences*) y una comunidad *online* que se dedica a la innovación tanto en los Gobiernos Municipales como en las comunidades ciudadanas. Pero al principio no era eso. *CityCamp* comenzó como un evento aislado, literalmente a partir de un *tweet*. Ese evento resultó ser un éxito mucho más

---

11 Originariamente publicado como ""*How CityCamp became an open source brand*", © 2011 Kevin Curry, bajo licencia *Creative Commons Attribution-ShareAlike 3.0 Unported*.

allá de todas las expectativas, la gente acudió desde todas partes de los EE.UU., de Canadá y el Reino Unido. Durante dos días, en el Centro de Innovación de Chicago, en la Universidad de Illinois, más de un centenar de personas trabajaron la idea, que por entonces estaba en mantillas, de cómo usar la web a modo de plataforma para los Gobiernos Municipales y la actividad comunitaria.

Al final resultó que la gente había estado intentando poner en práctica el concepto *Gov 2.0* durante años, pero de forma local. Daba la impresión que no había habido conexión entre ellos para constituir los grupos de acción en los que pronto se convertirían.

Después que el primer *CityCamp* hubo terminado, teníamos pocas ganas de hacer nada más. Yo tenía que volver a mi empresa, *Bridgeborn*, y Jennifer Pahlka, la otra cofundadora, estaba a punto de lanzar *Code for America*. Estuvimos animando a los participantes a copiar y aprender de nuestro evento, al igual que nosotros había hecho de otros, para que organizaran otros *CityCamp* donde ellos vivían.

En Washington, D.C., hicieron exactamente eso. El Distrito de Columbia tiene una dinámica red de emprendedores sociales, *hackers*[12] cívicos y organizadores de bases sociales, que saben cómo montar congresos abiertos. De hecho organizaron dos eventos directamente inspirados e influenciados por el modelo *CityCamp*: *TransparencyCamp* y *Government 2.0 Camp*. Pero en ese momento, el *CityCamp D.C.* era el único evento después del de Chicago.

Mientras tanto, la comunidad *CityCamp* en la red fue creciendo. Se estaba usando el *hashtag #CityCamp* para enlazar *tweets*, fotografías y entradas en blogs dirigidos a difundir la idea de *CityCamp*. Las conversaciones continuaron en un foro público mantenido por *e-democracy.org*, y poco a poco la gente empezó a plantear cuando iba a tener lugar el siguiente *CityCamp*.

Algunos me escribían preguntando si podía ayudarles a organizar un *CityCamp* donde vivían. Pero por mucho que yo quisiera, realmente no podía o, al menos, no sabía cómo podía hacerlo. Habíamos empleado muchas horas durante más de tres meses y necesitados un gran apoyo de varios amigos para sacar adelante el primer *CityCamp* en Chicago y no veíamos sencillo repetirlo y extrapolar lo que habíamos hecho. Lo

---

12 En su sentido original, un *hacker* es una persona que practica la programación informática como una especie de pasión artística y que forma parte o se identifica con el grupo de programadores que históricamente están en los orígenes de internet, de *Linux* y de la *World Wide Web*. En sentido amplio, el término *hacker* tiene como referente cualquier persona que disfruta de un conocimiento profundo del funcionamiento interno de un sistema, en particular de computadoras y redes informáticas.

que necesitábamos era un modelo, unas pautas que cualquiera pudiera seguir.

Ya que teníamos una red activa alrededor de la idea del *CityCamp*, divulgar el modelo no iba a resultar demasiado complicado. Nuestros amigos de *iStrategyLabs* habían publicado el libro donde se explicaba con detalle cómo montar congresos abiertos, como la *PubMediaCamp*. También los amigos de *O'Reilly Media* habían compartido su experiencia en la organización de los eventos *Ignite* y eligieron el modelo *TDEx* para ceder sus conocimientos en relación con sus eventos. Por último, *GovFresh* se incorporó ofreciendo una "plantilla" para *CityCamp* y proporcionando alojamiento web. En ese momento todo encajó: *CityCamp* se convirtió en una "marca" de código abierto.

CityCamp actualmente es una "marca" de código abierto bajo un tipo de licencia *Creative Commons*, lo que significa que cualquier comunidad la puede usar, remezclar y mejorar. Ser de código abierto garantiza que *CityCamp* se mantenga como un patrón fácilmente repetible y utilizable por cualquiera. El hecho de tener la calidad de "marca" asegura que el modelo es reconocible y que nadie por su cuenta puede usarlo indebidamente. Ninguna organización se podrá adueñar del modelo *CityCamp*, por el contrario permanecerá a disposición de la comunidad *CityCamp* y contará en cada localidad con el apoyo del conjunto de organizadores.

El fundador de *GovFresh*, Lucas Fretwell, y yo trabajamos duramente durante semanas a través de *Skype* sobre el contenido y su difusión por distintas plataformas, sobre el diseño de la página, los *slogans*, las instrucciones, los objetivos y unas recomendaciones básicas. Creamos una plantilla de *WordPress* y la publicamos. Antes habíamos elegido una de las formas o licencias que tiene establecidas *Creative Commons* para que nuestro modelo se pudiera usar libremente, y pusimos todo lo relacionado con *CityCamp* bajo esa licencia.

Desde que el 11 de agosto del 2010 lanzamos *CityCamp 2.0*, han tenido lugar diez congresos de este tipo a nivel internacional y están previstos otros más. Estos eventos han tenido un impacto significativo sobre los gobiernos municipales no sólo de las ciudades donde se han celebrado sino también en otras. Con el *CityCamp London* comenzó el movimiento en el Reino Unido y de inmediato tuvo un efecto positivo en todo el conjunto del modelo. Después del evento de Londres se incorporó a la "marca" el *slogan* "Estimula. Participa. Colabora. Repite".

La ciudad de Brighton introdujo una variante en el modelo montando un foro de discusión por video-conferencia entre los asistentes y los responsables públicos comprometidos, tanto municipales como nacionales. En Colorado publicamos la plantilla "Directiva de un Gobierno Municipal Abierto" (*LOGD*), redactada de acuerdo a la "Directiva por un Gobierno Abierto" hecha pública por el Gobierno de Obama, y que es un documento que cualquier municipio puede utilizar para redactar un proyecto de gobierno abierto. El Gobierno del Condado de Cook, Illinois, recientemente usó como referencia nuestro documento *LOGD* en el planteamiento de su estrategia para establecer un gobierno abierto. En la ciudad de San Francisco han usado *CityCamp* para unir varias organizaciones locales con el fin de coordinar los movimientos *Gov 2.0* en relación con la política de la Alcaldía.

Por otra parte se han celebrado dos *CityCamp* en Rusia, el foro *e-democracy* tiene 350 miembros que participan activamente a diario, la página de *Facebook* tiene 1.400 seguidores, y *@CityCamp* 1.700 en *Twitter*.

En resumen, la filosofía del código abierto es lo mejor que le pudo suceder a *CityCamp*. El código abierto ha ayudado a *CityCamp* a convertirse en algo más de lo que se propuso ser, ya que ha permitido que sea un medio para que se conecten entre sí personas que quieren trabajar en la innovación de los gobiernos municipales. El modelo de trabajo del código abierto significa que cualquier persona puede organizar un *CityCamp* sólo con seguir el procedimiento que se le ofrece.

Hemos tenido innovaciones, ha habido controversias, y hemos cometido errores. Cada uno de éstos han sido de gran valor para nosotros por lo que hemos aprendido, de manera que todo ha contribuido a que hoy *CityCamp* sea algo mucho mejor.

Sin embargo debemos admitir que sin aplicar los principios de la filosofía del código abierto, es decir la transparencia, la colaboración y la disposición a compartir, *CityCamp* no habría llegado a ser lo que es hoy ni lo que será mañana.

Kevin Curry / Mayo 2011

***

Por nuestra parte nos gustaría añadir que *CityCamp* no es algo sólo para conocerse y hablar, aunque esto sea importante. *CityCamp* se toma en serio el paso a la acción. De los cuatro objetivos que para todo *CityCamp* establece la organización marco, el cuarto es: "Establecer conclusiones sobre las que los participantes puedan actuar después del evento."

Pero no hay que esperar a que alguien organice un *CityCamp* para poder acudir a él. He aquí cuatro cosas que se pueden ir haciendo si a uno le gusta la idea de *CityCamp* y desea participar en uno:

- Unirse a la comunidad *online* mantenida por *e-democracy.org*

- Reunirse con gente *-http://www.meetup.com/GovLoop/*

- Poner en marcha un *CityCamp* *-http://citycamp.govfresh.com/start-a-camp*

***

En enero de este año, 2013, *CityCamp* celebró su tercer aniversario. Cuando Kevin Curry escribió el artículo anterior en mayo del 2011, decía que ya se habían celebrado diez *CityCamp* por todo el mundo. Hoy, mayo del 2013, ya se han celebrado 32, en 23 ciudades de seis países y cuatro continentes.

2.2.- El nacimiento del primer *CityCamp Raleigh*

Poco después de publicarse la entrevista con el Ex-Alcade Meeker acerca de cómo Raleigh pretendía convertirse en el núcleo mundial del código abierto, surgió en *Twitter* la idea de organizar en Raleigh un congreso abierto dedicado al tema del gobierno abierto, lo que ya sabemos que se conoce como *CityCamp*.

En general un congreso abierto es un evento dirigido por los participantes donde los organizadores establecen el cuándo, el dónde y otros aspectos de índole logístico, mientras que los asistentes establecen la agenda de los temas a tratar. Normalmente los participantes vienen dispuestos no sólo a aprender sino también a compartir sus conocimientos.

Por su parte los *CityCamp,* como hemos visto, son un tipo de congresos abiertos que se celebran por todo el mundo y que tienen por objetivo reunir a las autoridades de los gobiernos locales, a los ciudadanos, a los funcionarios municipales, a expertos, a programadores, diseñadores gráficos, y a periodistas, etc., para intercambiar sus puntos de vista y sus opiniones acerca del presente y del futuro de sus ciudades.

Después de cruzarnos unos cuantos *tweets* entre Kevin Curry (*@kmcurry*), cofundador de *CityCamp*, Bonner Gaylord (*@bonnergaylord*), concejal de Raleigh, yo mismo (*@jhibbets*), y los responsables de *Govloop.com* (*@govloop*), a primeros de marzo del 2011, el concejal Gaylord y yo nos comprometimos a organizar un *CityCamp* en Raleigh.

Gaylor es concejal del Ayuntamiento pero su participación en la organización de nuestro *CityCamp*, se debió básicamente a su afición por la informática y a su deseo de que los ciudadanos de Raleigh tuviéramos una mejor calidad de vida. Los dos, él y yo sabíamos que esa carga de trabajo era demasiado grande para una sola persona, y decidimos codirigir el Comité de Planificación.

Finalmente establecimos que el *CityCamp* de Raleigh tendría una duración de tres días de charlas, talleres de trabajo y de intercambio de propuestas concretas de soluciones, de manera que después de ello, nos planteásemos cómo a través de la web, usando distintas aplicaciones informáticas y con la participación de todos, pudiéramos diseñar el futuro de nuestra ciudad.

2.3.- Cómo organizamos el primer *CityCamp Raleigh*[13]

Ahora que ya sabemos cómo surgió el concepto *CityCamp* y cómo nació la idea del primer *CityCamp Raleigh*, veamos cómo se organizó.

Ya hemos dicho que lo empezamos el concejal Bonner Gaylord y yo, y la idea se extendió rápidamente entre otros responsables de los grupos de usuarios de las nuevas tecnologías y entre los presidentes de los Comités de Asesores de Ciudadanos.

Nuestro equipo crecía cada semana. Nos llamábamos a nosotros mismos "*geeks* cívicos" aunque ninguno de nosotros era precisamente experto en programación, pero todos teníamos un gran entusiasmo por el código abierto, por las nuevas tecnologías y por mejorar nuestra ciudad y su Gobierno.

Organizar un congreso abierto como *CityCamp* es fácil si se cuenta con gente entusiasta con el talento adecuado, organizadores con ideas claras, y los medios operativos necesarios. En el fondo la cosa es muy simple si se consigue un grupo de voluntarios que se reúnan y se auto-organizen formando un grupo de entusiastas. Ese fue el caso en el primer *CityCamp Raleigh*, que se celebró los días 3 al 5 de junio del 2011.

---

13 Adaptado de "*CityCamp: Organizing an unconference for a transparent city government*", © 2011 *opensource.com*, publicado bajo licencia *Creative Commons Attribution-ShareAlike 3.0 Unported.*

En el equipo organizador hicimos un montón de planes, pero nos enfrentamos a un gran reto desde el principio ya que ninguno de nosotros había estado nunca en un *CityCamp*, y mucho menos había organizado ninguno. Sin embargo, el deseo de mejorar nuestra ciudad con un gobierno abierto, con datos abiertos *y* con una transparencia adecuada, por una parte, y contar con unos medios informáticos suficientes para reunir a funcionarios municipales, diseñadores, programadores, emprendedores y ciudadanos con el fin de colaborar en la búsqueda de soluciones, por otra, condujo al éxito del evento.

Como ya hemos dicho, en un principio la idea de hacer un *CityCamp* en Raleigh nació en *Twitter* y luego se fue desarrollando en reuniones semanales de las surgieron un montón de ideas para nuestro primer congreso abierto por un gobierno abierto. Otras personas vieron en *Twitter* y en *Facebook* lo que estábamos haciendo y se sumaron.

Un pequeño grupo empezó a estudiar cómo se habían organizado otros *CityCamp* y se puso en contacto con los creadores de la idea *CityCamp*. El grupo rápidamente creció de tres o cuatro a más de una docena de personas. A finales de abril se tomó la decisión de que el *CityCamp Raleig* tendría lugar el 3, 4 y 5 de junio. Entonces empezó el trabajo en serio.

Necesitábamos patrocinadores, ponentes, un local, presentadores, etc. Gracias a unos formidables diseñadores voluntarios, construimos una página web usando materiales de código abierto de *CityCamp* adaptados al entorno de Raleigh.

Empezamos a tener presencia en los medios sociales que compartían nuestro entusiasmo por las nuevas tecnologías y por un gobierno abierto.

Establecimos una planificación del proyecto con unas metas a alcanzar semanalmente y las cumplimos. De hecho, publicamos el plan para que todo el mundo pudiera seguirlo, mejorarlo u opinar a favor o en contra.

Una de las primeras decisiones que tomó el Comité de Planificación fue sobre la forma de comunicarnos, algo fundamental en cualquier equipo. En principio estábamos en contacto básicamente usando un *Google Group*, pero alguien empezó a usar *Facebook* y sugirió utilizar este medio en lugar de aquel. El consenso del grupo aceptó que usáramos *Facebook* como nuestra principal herramienta de comunicación.

Admito que tenía mis dudas sobre el uso de dicho medio. Me sentía cómodo utilizando el correo electrónico para comunicarme con los demás, y no estaba convencido de que *Facebook* fuera a funcionar, pero tuve que aceptar la opinión de la mayoría y luego vi que funcionaba y que era útil para el Comité tanto para intercambiar información como para mantenernos a todos informados.

Para trabajar en los subcomités de marketing, patrocinio, ponentes y logística, utilizamos una combinación de *Facebook* y *Google Docs*. Nuestras reuniones semanales permitían que éstos informaran acerca de los trabajos que habían completado y cuáles eran sus próximos objetivos. También utilizamos dichas reuniones para llevar a cabo un intercambio de nuevas ideas y sacar conclusiones acerca de lo que estaban desarrollando los subcomités .

Al reflexionar sobre esta experiencia, me doy cuenta de que oportunidades como ésta no se presentan muy a menudo. Este fue el comienzo de un movimiento por un gobierno más abierto en Raleigh que encaja con nuestra cultura. Pero nunca se había celebrado un evento como el *CityCamp* que actuase como catalizador para conseguir el apoyo ciudadano. Ahora sí.

Si me hubieran dicho antes de empezar que en menos de 12 semanas, un pequeño grupo de personas puede organizar un congreso abierto con más de 200 personas inscritas, 20 patrocinadores, y 15 ponentes, en menos de 12 semanas, no estoy seguro de habérmelo creído. Pero una comunidad entusiasmada por tener en Raleigh un gobierno más abierto y transparente, y la colaboración de personas deseosas de formar parte de este movimiento superó todos los problemas. Nuestro desconocimiento no nos podía frenar, y nuestro entusiasmo hizo que nos lo creyéramos.

Así fue cómo el Comité de Planificación se constituyó y llegó a organizar el primer *CityCamp Raleigh*. Pero ¿qué aspectos fueron los importantes de aquellos tres días de coloquios, talleres de trabajo, y sesiones donde se discutían los problemas? Veámoslo.

2.4.- Aspectos destacables del primer *CityCamp Raleigh*[14]

El primer *CityCamp Raleigh* comenzó como un coloquio acerca de la participación ciudadana, pero inmediatamente nos dimos cuenta de que podíamos hacer algo más que hablar de la teoría. Entusiastas de la tecnología, interesados en política, y ciudadanos, se centraron de forma rápida en identificar, colaborar y empezar a dar soluciones concretas para el gobierno de nuestra localidad.

Más de 225 personas asistieron a los tres días de colaboración, intercambio y fomento de la apertura en junio del 2011, todas centradas en sugerir ideas para mejorar el acceso a la información y dar soluciones para el Gobierno Municipal.

El viernes se dedicó a la de presentación de paneles de expertos compuestos por personas del Gobierno Municipal y del sector empresarial, el sábado se desarrolló el congreso abierto con encuentros a discreción e informales, y el domingo se llevó a cabo un *hackathon*[15] con la colaboración como tema.

Durante el fin de semana todo giró en torno al concepto de "gobierno abierto", pero hubo tres cuestiones que me gus-

---

14 Adaptado de *"Creating a citizen movement for open government"*, © 2011 *opensource.com*, publicado bajo licencia *Creative Commons Attribution-ShareAlike 3.0 Unported.*

15 Por *hackathon* se entiende una jornada maratoniana durante la cual los *hackers* se reúnen para desarrollar conjuntamente todas las ideas informáticas que se les ocurran.

taría destacar:

- La necesidad de contar con un movimiento ciudadano fuerte.

- Eliminar el correo electrónico con el fin de mejorar la continuidad del intercambio de la información.

- Crear oportunidades para que los ciudadanos colaboren con los concejales y Funcionarios Municipales.

Ahora comentaremos cada una de ellas.

2.4.1.- Contar con un movimiento ciudadano fuerte

A lo largo del primer día fueron apareciendo diversos comentarios en *Twitter* (usando el *hashtag #ccral*) que me hicieron pensar en por qué eventos como *CityCamp* pueden hacer que la participación ciudadana influya en el Gobierno. Los comentarios fueron tanto críticos como alentadores:

@RogerTheGeek (Roger Austin)- ¿Por qué como geek no soy entusiasta sobre el #ccral? Porque el escenario político cambia cada vez que hay elecciones. Todos los trabajos anteriores se evaporan. Mal rollo.

@Adrielhampton (Adriel Hampton) - @RogerTheGeek Hay que crear un movimiento fuerte controlado por los ciudadanos. Así es como se contrarrestan los cambios políticos. #ccral

Adriel dio en el clavo, y también puso de relieve una de

las razones por las que *CityCamp Raleigh* tuvo tanto éxito: estaba organizado y dirigido por los ciudadanos. Ciudadanos entusiastas que se reunieron para planificar y celebrar el evento. Ahora que todo ha terminado, estamos en una etapa de transición pero siempre dentro de un movimiento dirigido por los ciudadanos.

Tuvimos la suerte de tener al concejal Bonner Gaylord de co-presidente del Comité de Planificación y a Jonathan Minter, Director de Aplicaciones Informáticas del Ayuntamiento de Raleigh, formando parte del mismo, pero también había ciudadanos entusiasmados por hacer de *CityCamp Raleigh* algo más que una reunión para hablar. Si lo hubiesen organizado Gaylord y Minter con sus departamentos municipales, no creo que hubieran conseguido celebrar este evento de tres días, en menos de 12 semanas para su organización. La burocracia no lo hubiera permitido.

Sabemos que la formación de un movimiento ciudadano no se hace de un día para otro, pero ha sido algo increíble el impulso que *CityCamp Raleigh* ha supuesto para que empiecen a surgir organizadores y defensores del código abierto, del gobierno abierto, de los datos abiertos, y todo ello en un entorno informatizado.

En el futuro este movimiento liderado por los ciudadanos tendrá grandes oportunidades para influir en que la ciudad se oriente hacia el método del código abierto y se redefina la forma en que los ciudadanos participan.

2.4.2.- La supresión del correo electrónico como forma de mejorar la transparencia y la continuidad en el intercambio de la información.

Fue una ventaja que Kevin Curry, co-fundador del concepto *CityCamp*, asistiera al primer día de la celebración del *CityCamp Raleigh*, y que nos hiciera una observación en la que voy a basarme para desarrollar este tema. Es acerca de cómo debemos recoger los comentarios y aportaciones que puedan surgir de las propuestas ciudadanas.

La idea que nos apuntó fue que deberíamos dejar de usar nuestra "bandeja de entrada" con el fin de mejorar la transparencia.

@kmcurry (Kevin Curry) Interesante: en los dos paneles de discusión se ha planteado la idea de abandonar el correo electrónico como forma de interacción con los gobiernos locales #ccral

Pero el Gobierno no es el único sitio donde los correos electrónicos se han convertido en una pesada carga, y ya algunas personas están realmente considerando, o intentando, abandonar el uso de su correo electrónico. Simplemente hay que ir a *#noemail* en *Twitter* y leer los comentarios al respecto.

Pero ¿cómo se va a atrever la gente a dar de baja su cuenta de correo electrónico? Sencillamente aprovechando las ventajas que ofrecen las plataformas sociales y otras aplicaciones para conectarse con quién a uno le interesa. Eligiendo la herramienta correcta para un trabajo concreto y asegurándose que cualquier persona que uno quiera buscar pueda a su vez encontrarle, ya que la comunicación es permanente. En teoría, esto es lo que la hace más eficiente.

Como hemos comentado, hace unos años tuve la oportunidad de dirigir un grupo de ciudadanos para revisar el borrador del Plan Global de Raleigh para el año 2030, en el que se recogían las líneas básicas acerca de las áreas de crecimiento y los objetivos a alcanzar por nuestra ciudad dentro de veinte años. Para esta revisión el Departamento de Planificación del Municipio optó por utilizar un portal en internet montado por *Limehouse* para recoger los comentarios y sugerencias.

Aunque no era un sistema de código abierto, fue una alternativa mucho más eficaz que andar enviando *emails* a los funcionarios del Ayuntamiento. El correo electrónico no es transparente. Claro que se pueden recopilar todos los comentarios recibidos y colgarlos en alguna página web pero ese tipo de comunicación no es directa ni inmediata. En ese caso además, alguien tendría que ocuparse en recopilar y copiar toda la información, por eso usar un sitio web fue la mejor solución.

Limehouse es un tipo de plataforma abierta a todo el mundo, donde, además de poder comentar cada uno de los párrafos del Plan, se podían ver las opiniones de los demás, y del mismo modo y al mismo tiempo, mostrar tu acuerdo o desacuerdo con ellas.

Aunque el correo electrónico es un medio valiosísimo para la comunicación a nivel personal, su uso para enviar comentarios al Gobierno Municipal tiene múltiples inconvenientes y no sirve para trabajar de forma conjunta, ni ayuda a la transparencia del Sector Público.

Evitando el envío de comentarios sobre diferentes temas a los funcionarios municipales a través de *emails*, realmente les ayudamos a hacer mejor su trabajo. En lugar de estar atados a su mesa contestando correos, pueden usar su capacidad de trabajo en hacer otras cosas más provechosas.

2.4.3.- Promover oportunidades para que los ciudadanos colaboren con el Ayuntamiento.

Otro aspecto positivo del *CityCamp Raleigh* fue el compromiso mutuo de colaboración entre los ejecutivos municipales y los ciudadanos. Por supuesto que antes del evento existía un diálogo entre los funcionarios y la ciudadanía pero a una escala muy reducida, normalmente de forma individual y para temas muy concretos. La atmósfera de colaboración creada por el *CityCamp Raleigh* permitió que el diálogo fluyera entre todos los interesados sin que hubiese tensión y sin tener que esperar a que el problema se presentara.

Un ejemplo de dicha colaboración fue el siguiente. En

una de las sesiones, el editor de la publicación local *online Raleigh Public Record*, explicó cómo desde mediados de abril había situado en un mapa los daños de los tornados, usando los datos suministrados por el Ayuntamiento. Pero lo que me sorprendió fue que la Directora de los Sistemas de Información Geográfica (*SGI*) de Raleigh, Colleen Sharpe, que estaba sentada pocos asientos atrás, intervino inmediatamente en el coloquio para aportar información complementaria.

Sharpe explicó cómo sus inspectores recogieron los datos y cómo la división *SGI* preparó todo el conjunto de datos para que fueran informáticamente reutilizables y reorganizables, y además estuviesen a disposición de todo el mundo. En verdad que el *SGI* dio los datos de forma muy rápida, a las 48 horas, mucho antes del límite de 72 horas que la Agencia Federal para la Gestión de Emergencias había establecido para la evaluación de daños.

Este programa que permite dar una respuesta tan rápida, es usado hoy por otros municipios cuando necesitan recopilar y publicar datos en situaciones de catástrofe.

2.5.- Una forma de conseguir resultados tangibles

El *CityCamp Raleigh* fue un gran éxito. No sólo fue una experiencia gratificante para mí, sino para un formidable equipo de personas que se reunieron para trabajar juntos y compartir experiencias positivas con miras a mejorar la planificación municipal. Todos teníamos algo en común, todos queríamos que nuestra ciudad fuera un lugar mejor para vivir, y todos queríamos compartir con los demás esa ilusión. Si alguien quiere formar parte de un movimiento que es capaz de obtener resultados tangibles en un fin de semana, debe organizar un *CityCamp* en su ciudad. Los responsables del Gobierno Local lo agradecerán, sobre todo si se les invita a participar.

2.6.- Pero, ¿cómo cambiar la cultura del Gobierno?[16]

En los meses siguientes a la celebración del *CityCamp Raleigh* tuve tiempo para reflexionar acerca de lo que había aprendido participando en la etapa de planificación y hay dos cosas que me parecieron las más importantes. Por un lado la importancia de usar un sistema abierto de comunicación, y por el otro la transparencia.

Emplear la metodología del código abierto crea un ambiente de transparencia y responsabilidad que al final nos conduce a lograr resultados. ¿Pero cómo podríamos usar el método del código abierto para empezar a cambiar la rígida cultura de algunos Departamentos Municipales?

De la experiencia citada he sacado dos recomendaciones básicas que pasamos a comentar.

---

16 Adaptado de *"Changing government culture the open source way"*, © 2011 *opensource.com*, publicado bajo licencia *Creative Commons Attribution-ShareAlike 3.0 Unported.*

2.6.1.- La responsabilidad y la transparencia producen resultados

El equipo de planificación del *CityCamp Raleigh* creó una cultura de colaboración a través de reuniones, redes sociales e intercambio de información, lo cual fue crucial para nuestro éxito. Al principio el nivel de transparencia era muy bajo, pero como cada subcomité podía ver lo que los otros estaban haciendo, dicho nivel se fue elevando y como, además, había una interdependencia en el trabajo entre todos los equipos, se produjo el natural efecto colateral, la responsabilidad.

Con el nivel de transparencia que llegamos a alcanzar, todos sabíamos lo que teníamos que hacer y lo que cada uno de los demás tenía que hacer, lo que condujo a la auto-responsabilidad. Cada miembro de nuestro equipo era responsable de controlar su trabajo a nivel individual, cuando uno decía que estaba haciendo algo realmente lo estaba haciendo, y cuando se atascaba pedía ayuda. Era muy raro que alguien viniera a las reuniones sin el trabajo hecho.

Y aquí es donde la cosa se puso interesante. Nuestras reuniones semanales y las comunicaciones continuas que manteníamos no eran sólo para informar de lo que estábamos haciendo. La cultura de transparencia y de responsabilidad en relación con lo que uno está haciendo, hace que todos se sientan a gusto compartiendo el trabajo que están realizando. Ahí está la clave, lo que cada uno de nosotros podemos aportar a nuestros compañeros de trabajo. Deje de decirle a sus compañeros equipo lo que hizo, dígales lo que está haciendo y póngalo a su disposición. ¿Cómo?

La forma como yo lo hago en la empresa donde trabajo es publicándolo en un blog interno. En él enumero mis responsabilidades y objetivos claves. Destaco en lo que estoy centrado e incluyo los objetivos claves que me establecí la semana anterior como indicadores de seguimiento. Este blog está disponible para toda persona de la empresa que lo quiera ver y cualquiera puede llamarme para decirme si he dejado algo sin hacer. Además de obligarme a cumplir mis objetivos, esta estrategia me ayuda a ser más transparente.

2.6.2.- Aplicando la transparencia al Gobierno Municipal

El *CityCamp Raleigh* fue organizado por voluntarios con capacidad, entusiasmo y compromiso. El equipo compartía un objetivo que los guiaba y motivaba. Pero, ¿cómo se puede conseguir esto en los Departamentos del Ayuntamiento de una ciudad?

Hay que mirarlo de esta manera, contamos con los funcionarios, un conjunto de "voluntarios remunerados", que tienen conocimientos, entusiasmo y están comprometidos con su trabajo. Nuestro reto es plantear con ellos un objetivo común, descubrir las mejores aptitudes de cada uno y provocar su entusiasmo. Si conseguimos difundir entre ellos algunos de los principios del código abierto como son la transparencia, la colaboración y la apertura, pronto comenzaremos a ver los resultados.

Tomará tiempo cambiar culturas arraigadas, pero estoy seguro que nos daremos cuenta de que la transparencia es el mejor modo de lograrlo.

3.- La cultura de Raleigh

Una de las cosas que más me gusta de la ciudad de Raleigh es la facilidad para conectar con personas parecidas a ti. La forma en la que los organizadores del *CityCamp Raleigh* se pusieron rápidamente en contacto no es algo extraño en esta ciudad. Otras muchas personas a lo largo de los años se han agrupado en torno a lo que les gusta. Ahora quisiera hablar de cuatro de esos grupos.

La iniciativa *Triangle Wiki* surgió durante el *CityCamp Raleigh* y ha continuado recibiendo apoyo por parte de un grupo de colaboradores entusiastas. El nombre se debe por un lado a que en esta región del Estado de Carolina del Norte, llamamos *The Triangle* ("El Triángulo"), a la zona que incluye las ciudades de Raleigh, Durham y Chapel Hill. Por otra parte un *wiki* es una página web donde se pueden editar diversos contenidos, de manera que cualquier grupo de aficionados a algo puede colgar información explicando y dando detalles sobre aquello que les interesa. Un poco más tarde hablaremos en profundidad acerca de cómo *Triangle Wiki* despegó de forma tan espectacular y de cómo continúa creciendo.

SPARKcon es un evento exclusivo de Raleigh que está dedicado a mostrar el talento creativo de la ciudad. Me fascinó que para concebir y planificar este evento se hiciese uso de un proceso transparente al estilo del código abierto. Pero por otra parte no es ninguna sorpresa que esa haya sido una de las razones por la que ha tenido tanto éxito.

Como en otras muchas ciudades, en Raleigh tiene lugar un evento denominado *BarCamp* que ha sido una forma de reunir a una gran variedad de personas, colectivos y asociaciones para tratar muchos y diferentes temas. Luego analizaremos por qué estos foros se han hecho tan populares.

Por último hablaremos de un proyecto, que es uno de mis favoritos, denominado *Walk Your City* ("Camina Tu Ciudad"). La idea que está detrás de este proyecto es muy sencilla pero ha tenido una gran repercusión internacional, ya que a la gente le encanta y la difunde. El Proyecto consiste en cambiar la percepción de la distancia en los automovilistas, y animarles a ser más saludables caminando cuanto más mejor.

Veamos ahora cómo se aplicó la metodología del código abierto en *Triangle Wiki*, *SPARKcon*, *BarCamp* y *Walk Your City*. Estos grupos y sus eventos, con identidad propia, son en su conjunto, representativos de la cultura de la ciudad de Raleigh y están colaborando en establecer las bases para que sea una ciudad *Open Source*. Empezaremos explicando los inicios de *Triangle Wiki*.

3.1. *Triangle Wiki*

3.1.1.- Un *wiki* encuentra su "tribu"

Esta es la historia de cómo una comunidad encuentra e incorpora personas de ideas similares. Implica tecnología de código abierto, pero eso es sólo una pequeña parte de la historia. Vamos a explicar cómo *Triangle Wiki* se puso en marcha y por qué ha tenido éxito.

Reid Serozi, fundador de *Triangle Wiki*, siempre dice que encontró su "tribu" en el *CityCamp Raleigh*, pero realmente lo que quiere decir es que allí encontró a unas personas que pensaban como él, unos *geeks* con mentalidad ciudadana. Serozi formó parte del Comité de Planificación del *CityCamp Raleigh* y colaboró a que el evento se llevara a cabo con éxito, pero una vez que finalizó se centró en *Triangle Wiki*.

LocalWiki es una plataforma de código abierto para la gestión de contenidos que permite editar una página web, un *wiki*, de manera tan fácil como usar *Google Drive*. Cualquiera puede publicar e incorporar contenidos en un *wiki*. Imaginémoslo como una versión doméstica de la *Wikipedia* pero sin todas sus trabas. Serozi le propuso a unas cuantas personas con las que conectó en el *CityCamp Raleigh*, poner en marcha una comunidad a modo de prueba usando el software *LocalWiki*.

La idea de buscar datos e información local para incorporarlos a *Triangle Wiki* entusiasmó a la "tribu" con la que Serozi se había encontrado. En pocos meses el grupo comenzó a aportar información sobre temas populares tales como parques, medios de transporte y vecindarios. Al principio sólo publicaban en el *wiki* quienes eran invitados a hacerlo, hasta que tuvo suficiente contenido como para que muchas otras personas se ofrecieran a colaborar.

Aunque no participé en el grupo básico durante el periodo de incubación, sí ayudé a Serozi a organizar un evento que lanzara el proyecto *Triangle Wiki*. Preparamos el contenido-guía del primer congreso abierto que decidimos llamar *Triangle Wiki Day*, el cual coincidió con la celebración de otro organizado por *Code for America*, denominado *Code Across America*, que pretendía animar a los colectivos de usuarios de las nuevas tecnologías a reunirse y a comprometerse en los temas de voluntariado ciudadano. Los resultados fueron formidables. Ahora vamos a contar lo que ocurrió aquel día.

3.1.2.- *Triangle Wiki Day*: un éxito del código abierto en la creación de comunidades

Triangle Wiki Day tuvo lugar el 25 de febrero del 2012 en la sede central de *Red Hat* en Raleigh donde se reunieron unas 50 personas. El evento fue la primera salida a sociedad de *trianglewiki.org*, un sitio web para aportar información sobre la Región del Triángulo y aumentar la colaboración y el intercambio de conocimientos en toda la zona. El *wiki* utiliza el software de código abierto *LocalWiki*, como una plataforma de gestión de contenidos, que puede editar tanto textos, como imágenes y mapas.

El día comenzó con una breve presentación sobre cómo el proyecto *Triangle Wiki* tenía sus raíces en el *CityCamp Raleigh*, explicando que también formaba parte de un movimiento más amplio en busca de un gobierno abierto y se encuadraba en la Semana de la Innovación Ciudadana de *Code Across America*.

Mary Ann Baldwin, concejala de la Ciudad de Raleigh, en una breve intervención estableció las líneas maestras del evento hablando sobre la importancia de la colaboración en proyectos como *Triangle Wiki* y de qué modo reuniones como aquella eran una parte muy importante del método del código abierto de Raleigh y de otros grupos de personas y colectivos de mentalidad abierta. También asistieron el concejal Russ Stephenson y el Director de Planificación del Ayuntamiento, Mitchell Silver.

Reid Sezori, líder del proyecto *Triangle Wiki*, explicó la lógica de funcionamiento de *LocalWiki* usando un video hecho por Philip Neustrom, uno de los cofundadores de *LocalWiki*, que había trabajado mucho tiempo en *daviswiki.org*. Serozi guió a los asistentes en un recorrido introductorio al funcionamiento de un *LocalWiki*, enseñándoles a abrir una cuenta, a crear páginas nuevas y a publicar las páginas una vez hechas. A continuación comenzó la fiesta de la edición.

De inmediato, los asistentes comenzaron a crear páginas, colaborando y ayudándose unos a otros buscando la mejor manera trabajar con el software *LocalWiki*, dando forma, incorporando mapas, y muchas otras contenidos y haciendo grandes progresos en pocas horas.

Al final del día hablé con la concejala Baldwin quien me confesó que al principio estaba un poco cohibida pero que inmediatamente se sintió a gusto haciendo ella misma aportaciones. Practicó con varias páginas antes de confeccionar una sobre el Antiguo Molino de Algodón, y de incluir un mapa indicando diversos lugares de interés de Raleigh. Serozi se mostró muy satisfecho con los resultados y la participación. Su conclusión con respecto al día fue:

> *"En el momento de iniciar el evento Triangle Wiki Day, teníamos muchas incógnitas. Pero en cuanto arrancó me quedé agradablemente sorprendido al ver todos los asientos ocupados y todas las regletas enchufadas con decenas de portátiles listos para participar en una reunión abierta, y preparados para editar páginas. Durante el evento y mirando al futuro, quedó bastante patente que los esfuerzos que se han hecho durante el Triangle Wiki Day tendrán un efecto multiplicador en nuestra comunidad."*

¿Qué fue lo que consiguió este colectivo? Aquí van unos cuantos logros alcanzados en el *Triangle Wiki Day*:

- 633 páginas editadas

- 100 mapas incorporados

- 138 fotos insertadas

Neustrom, que veía el evento desde fuera, estaba seguro que el software *wiki* que él había desarrollado era un instrumento idóneo. "Creo que el *Triangle Wiki Day* ha sido un éxito espectacular. Realmente muestra el verdadero potencial de esta nueva forma de colaboración para la gente del entorno", comentó. El siguiente paso para *Triangle Wiki* era rentabilizar el éxito. "El reto para todos los implicados hasta este momento es aprovechar el impulso y llegar a las 1.000 páginas editadas antes de marzo del 2014", dijo Serozi.

3.1.3.- Más sobre el software *LocalWiki*

Philip Neustrom desea que *LocalWiki* sea algo más que un proyecto de código abierto destinado la colaboración. Piensa que la libertad que ofrece esta plataforma será fundamental para permitir a las personas compartir información y conocimientos en el futuro.

"En este momento estamos en un punto en el que no está claro cómo las personas de nuestras comunidades locales van a obtener y a compartir información en el futuro. Y hablando crudamente, a muchas grandes empresas les gustaría tener la llave de esa comunicación local. El movimiento LocalWiki representa una alternativa verdadera-

mente abierta que día a día se está consolidando, en un ambiente donde la información local está bastante controlada.

En el ámbito ciudadano nos hemos centrado en poder disponer de datos abierto, y eso es realmente importante. Sin embargo, los datos abiertos por sí mismos no van a satisfacer la necesidad de información que tenemos los ciudadanos. Necesitamos medios y grupos de personas organizadas que realmente remen al unísono y creen un ambiente adecuado, suministrando una información local de mayor calidad. Y creo que la infraestructura informática de LocalWiki está muy bien preparada para ayudar a este respecto."

Por nuestra parte, incorporar el instrumento *LocalWiki* permite crear una comunidad alrededor de cualquier tema. Puede reunir a personas con diferentes niveles y tipos de conocimientos, desde el experto en programación al que tiene conocimientos en fotografía, desde los conocedores de la historia local a los *hackers*, y muchos más. No hay que saber programar ni conocer ningún lenguaje de programación para incorporar lo que uno sabe al *wiki*, basta con hacer clic en el botón "editar". Detrás de todo esto está el código abierto, una filosofía que está cambiando el mundo.

Con respecto a Raleigh, *Triangle Wiki* está haciendo su aportación a que sea a una ciudad de código abierto.

3.1.4.- El desarrollo actual de *Triangle Wiki*

Fue una gran satisfacción saber que *Triangle Wiki*, a mitad de marzo del 2012, había superado la cota de las 1.000 páginas. Desde entonces se han desarrollado varias "reuniones intensivas" y han tenido lugar diversos eventos donde se han reunido grupos para editar información conjuntamente. La comunidad continúa creciendo y ya tienen un boletín mensual informativo sobre sus actividades.

Por mi parte continúo descubriendo interesantes aplicaciones al software *LocalWiki*, y en lo que se refiere a *Triangle Wiki*, me fue muy útil para organizar la reunión que tuvimos en diciembre pasado, con motivo del décimo aniversario de *Creative Commons*. La gente sigue encontrando nuevas formas de usar la página *wiki* e incrementar su participación.

A finales de diciembre del 2012 el grupo inició un campaña de concienciación denominada *Edit your City* ("Edita tu Ciudad"). Personas de *Triangle Wiki* crearon esa sección donde los miembros del grupo cuelgan las fotos que van haciendo de la zona del Triángulo para así poder compartirlas con todo el mundo. Para celebrar el hecho se hizo una excursión fotográfica al antiguo Centro de Salud Mental *Dorotea Dix* en el *Dix Park*. Casi cincuenta personas salieron en la foto de grupo el 8 de diciembre de 2012.

3.2.- SPARKcon

3.2.1.- Talento creativo organizado con código abierto[17]

SPARKcon es un escaparate para mostrar y disfrutar con el talento creativo y las ideas de las personas de la región del Triángulo, en Carolina del Norte. Sus eventos se celebran en septiembre y parece que crecen y se diversifican cada año. Hay grupos monográficos, *SPARKs*, de todos los tamaños y tipos. Personas con creatividad se reúnen entorno a distintas áreas como arte, circo, danza, mercadillos, diseño, moda, cine, *geeks*, ideas, música, poesía, teatro, entre otros.

Veamos primero cómo *SPARKcon* usó el código abierto para organizarse y luego hablaremos acerca de la historia de *SPARKcon* para entender mejor cómo estos eventos vieron la luz gracias al "sparkconero" Aly Khalifa.

"El método antes que el contenido". Aly Khalifa de *Gamil Design* y *DesignBox*, y creador de *SPARKcon*, utiliza esta máxima para inculcar los conceptos del código abierto en *SPARKcon*.

"Al principio fue duro que la gente lo entendiera, y también difícil para nosotros explicarlo. A veces era muy complicado explicar este compromiso con la forma de trabajar an-

---

*tes que con el contenido de lo que estábamos haciendo",
dice Khalifa. "La filosofía del código abierto nos ha sido
muy útil. Hemos conseguido inculcar la idea de que la comunidad al final es la que decide lo que debemos hacer.
En consecuencia, independientemente de lo que estemos
haciendo, lo importante tener un método que sirva para
todo. Es fantástico ver que ahora hay otras personas haciendo lo mismo en diferentes campos. La gente está empezando a entender que nuestro objetivo es mejorar el método."*

Por nuestra parte añadiríamos que además del método, está la colaboración y la "polinización cruzada". Facilitando que personas con diferentes objetivos y conocimientos expongan sus ideas sobre las áreas en las que son expertas, se produce algo todavía más importante, que es lo que los "sparkconeros" describen con la expresión "prende la chispa".

"SPARKcon es sin duda un pequeño ejemplo del método del código abierto, ya que, a personas con poca experiencia o conocimiento, nos permite unirnos para crear algo mucho mejor de lo que habríamos programado o planificado nosotros solos", dice Sara Powers de *Visual Arts Exchange*.

El código abierto permite valorar la capacidad creativa de una comunidad sin caer en rigurosos procedimientos organizativos. Haciendo surgir la ilusión en cada individuo, su deseo colaborar y creando una cultura de transparencia, se puede "prender la chispa" que produzca resultados impredecibles, pero reproducibles.

3.2.2.- El nacimiento y el desarrollo de *SPARKcon*[18]

Beth, Aly Khalifa y *Designbox* crearon *SPARKcon* en 2006 con el objetivo de mostrar, disfrutar y también motivar el impulso creativo de las personas de la Región del Triángulo en Carolina del Norte. *SPARKcon* recomienda a los organizadores de distintos grupos monográficos, *SPARKs*, que usen la metodología del código abierto para coordinarse entre ellos. Los integrantes de esos grupos de voluntarios se unen, planifican y comparten lo que están trabajando cada uno en sus *SPARKs* particulares, y dan lugar a un evento anual formidable de cuatro días de duración.

Yo no había visto antes nada similar y me quedé impresionado cuando asistí a *SPARKcon* por primera vez el año pasado. Imagínense algo así como un *buffet* lleno de ideas relativas a temas tan diferentes como el cine, la música, la moda, los temas *geek*, arte y muchos otros, y tras cada mesa su creador explicándola su idea.

Evidentemente me llamó la atención que hubieran usado la filosofía del código abierto y procuré entrevistarme con Aly Khalifa, propietario de *Gamil Design* y recientemente galardonado con el premio *Eisenhower Fellowship 2012*. En mi

---

18 Adaptado de *"SPARKcon: Igniting creative thinkers with open source"*, © 2011 *opensource.com*, publicado bajo licencia *Creative Commons Attribution-ShareAlike 3.0 Unported.*

reunión con Aly en septiembre del 2011, yo pretendía saber más acerca de *SPARKcon*, de sus ideas y de lo motivos que le llevaron a crearlo.

Me gustaría que nos explicara por qué cree que SPARKcon ha tenido tanto éxito y a qué se debe su crecimiento en los últimos seis años.

SPARKcon es un intento de aplicar los principios del código abierto para crear una vía de comunicación entre personas con talento creativo y proporcionarles, además, un medio para que expongan sus ideas. Ha sido impresionante ver la cantidad de personas que han sintonizado con este llamamiento. En todos estos eventos organizados por voluntarios, surgen temas alrededor de los que se agrupan los asistentes para que los expertos les amplíen sus niveles de conocimiento. Así, cada año hay una fluctuación en los *SPARKs* que vienen y van, y en lo que ellos programan para cada ocasión. *SPARKcon* es ahora visto por muchos como una oportunidad al año que les permite realmente hacer su trabajo más creativo y más participativo, contribuyendo a lograr el objetivo global de apoyar y mostrar el talento de los habitantes de esta región.

¿Cómo incorporan el código abierto a su proceso de planificación?

SPARKcon ha sido tan innovador en su estructura como en su contenido. Usamos una red de células individuales que son los participantes que se agrupan para formar un *SPARK* cada uno con tema específico, por ejemplo un *fashionSPARK* para la moda o un *geekSPARK* para los *geeks*. A estos equipos se les guía y se les asesora no sólo sobre cómo desarrollar sus ideas sino también sobre cómo deben estructurar sus esfuerzos para conseguir sus objetivos.

En realidad configurar un *SPARK* es análogo a como se definen los temas en *Wikipedia,* hay normas sobre la forma de hacerlo, pero luego la manera de desarrollarlos es muy personal y depende de quien lo haga. La clave aquí es ofrecer a los participantes una estructura básica para ser creativos pero sin que ella restrinja el desarrollo de sus ideas ni predetermine sus resultados. Esto permite que *SPARKcon* sea dinámico y refleje directamente lo que idean sus colaboradores integrados cada uno en sus grupos de trabajo.

¿Cómo animáis a compartir los contenidos creativos de SPARKcon a la manera de Creative Commons?

SPARKcon aún no ha decidido bajo qué modalidad *Creative Commons* va a ceder sus derechos, ya nos gustaría dar la bienvenida a un voluntario que nos ayude a trabajar en ese tema, sin embargo está claro que nuestra filosofía es compartir todo lo que tenemos.

Todo lo que se exhibe en *SPARKcon* se hace bajo el acuerdo de ceder libremente su uso. Este acuerdo establece el uso común para toda la música, imágenes, obras de arte, etc, que se produzca o se use en el evento. Por ejemplo, en *SPARKcon* los fotógrafos pueden venir a hacer su trabajo y luego comercializarlo pero *SPARKcon* se reserva el derecho de utilizar dichos trabajos en cualquier momento y para lo que los necesite. Establecer este tipo de acuerdo incentiva a los *SPARKs* a trabajar entre ellos. Otro ejemplo, el *fashionSPARK* utiliza las composiciones del *musicSPARK* para sus desfiles, cosa que saben los músicos al estar dentro del acuerdo *SPARKcon*. Estas "polinizaciones cruzadas" se incrementan cada año, sobre todo con los participantes más experimentados que se motivan aún más con este tipo de colaboraciones.

La transparencia juega un papel clave en la organización de cada SPARK. ¿Cómo se adaptan a este nivel de apertura los recién incorporados a los diferentes SPARKs?

La transparencia es sin duda un elemento clave de la organización de *SPARKcon*. Las reuniones habituales se celebran generalmente en lugares públicos como restaurantes o cafeterías, con los puntos a tratar y las actas de las mismas publicadas en la web pública de *SPARKcon*. El objetivo es que cualquier recién incorporado que sienta curiosidad, pueda ponerse al día rápidamente acerca de lo que se ha dicho en anteriores reuniones, saber quienes participan, y hacia dónde se quiere ir. Esto hace que los nuevos se sientan cómodos a la hora de intervenir en nuestras reuniones e inmediatamente se sientan integrados.

¿Cómo puede cualquier persona desarrollar el modelo SPARKcon en su ciudad?

Se han dirigido a nosotros desde otras ciudades para copiar nuestro esquema *SPARKcon*. Al igual que con otras iniciativas de código abierto, el modelo *SPARKcon* es un auténtico reflejo de su comunidad. Para implantar correctamente este sistema, es necesario encontrar los catalizadores locales adecuados, que estén dispuestos a abrir sus mentes y ser capaces adoptar un sistema que no es totalmente controlable. Esto es lo contrario a la forma de trabajar "de arriba a abajo" de la mayoría de los organizadores de eventos.

Sin embargo, si se cuenta con un grupo de entre cinco y siete personas dispuestas a formar una comunidad creativa, con un poco de asesoramiento y estudiando algunos informes, es suficiente para hacer uso de todos nuestros procedimientos, que son públicos, e iniciar su propio camino.

***

En mi entrevista con Khalifa descubrí que *SPARKcon* es básicamente el concepto de creatividad mezclado con el método del código abierto.

Si alguien alguna vez está en Raleigh y coincide con la celebración de un evento *SPARKcon* le recomiendo, y mucho, que asista. Antes de leer estas páginas, habría disfrutado sólo de la parte de espectáculo, pero ahora podrá apreciar la influencia del código abierto en un sistema de organización que permite estructurar el talento creativo sin ahogar sus ideas.

3.3.- *BarCamp*

3.3.1.- Concepto[19]

Asistí a mi primer *BarCamp* el sábado 15 de octubre del 2011. Un *BarCamp* es lo mismo que un *CityCamp* pero centrado en las tecnologías. *Wikipedia* define *BarCamp* como "una red internacional de personas y colectivos que se dedican a organizar congresos abiertos dedicados a la informática y a la web que sin embargo en la actualidad se ha ampliado a todo tipo de tecnologías. Son eventos abiertos en los que se participa a través de talleres de trabajo, siendo los temas a tratar establecidos por los propios participantes."

Básicamente en un *BarCamp* se reúnen personas interesadas en un amplio rango de temas y tecnologías. Todo el que asiste tiene la oportunidad de enseñar, dialogar, aprender y participar.

Un grupo de voluntarios es imprescindible para ayudar a organizar cualquier evento, algo que aprendí de primera mano cuando participé en la organización de *CityCamp Raleigh*, y el *BarCampRDU* no es diferente.

---

19 Algunos de los siguientes apartados fueron primeramente publicados y con posterioridad adaptados de *"BarCampRDU: Preparing for the unconference experience"*, © 2011 *opensource.com*, publicado bajo licencia *Creative Commons Attribution-ShareAlike 3.0 Unported*.

En el año 2011 tuvo lugar el sexto *BarCampRDU* celebrado en la región del Triángulo de Carolina del Norte y se desarrolló en un ambiente lleno de cordialidad y espíritu de colaboración. Antes del evento me entrevisté con Jason Austin, uno de los organizadores, para saber qué esperaba del evento. Su deseo era que lo asistentes conectaran entre sí, que aprendieran y que analizaran las posibilidades de creación de nuevas empresas.

"Espero que al final del día BarCampRDU haya animado a la gente a probar cosas nuevas. Como por ejemplo un nuevo desarrollo técnico, un nuevo proyecto o un nuevo socio con el que colaborar. Para mí, BarCampRDU es una forma de que la comunidad tecnológica del Triángulo entre en contacto, a la vez que se exponen nuevas tecnologías. Esperamos que eso encienda la mecha de nuevas empresas."

3.3.2.- Mi participación en un *BarCamp*

Cuando empecé a preparar mi asistencia al *BarCampRDU* del 2011, le eché una ojeada a los temas que se habían desarrollado en el mismo evento el año anterior. Algunos de ellos fueron: "Trabajar *HTTP* correctamente", "Poner en marcha un grupo de trabajo", "Usted también puede fabricar bebidas con burbujas", "Cómo abrir una cerradura" e "Introducción al desarrollo de aplicaciones para *iPhone*". Todos estos temas habían sido presentados por los participantes y previamente seleccionados por los asistentes.

Me sentí suficientemente preparado como para someter a consideración un tema mío: "Cómo se deben organizar los organizadores".

En la región del Triángulo hay un montón de grupos interesados en diferentes temas. *CityCamp* es uno de ellos. Algunos grupos están centrados en la tecnología como *TriDUG* (*Triangle Drupal User Group*), *TriLUG* (*Triangle Linux User Group*) y *TriJUG* (*Triangle Java User Group*), otros en *Ruby* y en *PHP*, pero hay muchísimos más.

Al haber organizado los eventos tanto del *CityCamp Raleigh* como del *TriDUG*, sé el tiempo que lleva organizarlos, encontrar a los ponentes, buscar a los presentadores, etc. Imagínese que después de haber hecho todo el trabajo, uno se encuentra con que otro grupo ha organizado otro evento similar para el mismo día.

Mi ponencia fue aceptada y la expuse ante unas 20 personas. Comentamos unas cuantas medidas eficaces y consideramos algunas alternativas que podíamos desarrollar juntos. En el capítulo IV, analizaremos unas ideas para ayudar a un grupo de organizadores.

***

Este es un resumen de lo que es un evento *BarCamp*. Su objetivo: promover que las personas se reúnan para colaborar, compartir ideas y conocimientos, para mejorar sus comunidades. Y puesto que el formato *BarCamp* no resulta extraño en la región del Triángulo, decidimos usar el método de la "polinización cruzada" entre grupos de aficionados en otros proyectos de la región.

Las empresas y los colectivos de ciudadanos continúan apoyando esfuerzos como éste, un ingrediente importante para llegar a ser una ciudad de código abierto.

3.4.- *Walk [Your City]*

3.4.1.- El origen de la idea[20]

Ya nos hemos referido al Proyecto *Walk [Your City]*, pero antes de que entremos a fondo en el tema, será mejor que oigamos a Matt Tomasulo, fundador de *CityFabric*, y principal promotor de *Walk Raleigh* (Camina por Raleigh) y de *Walk [Your City]* (Camina por [Tu Ciudad]).

La revista *online Urban Times*, describió *Walk [Your City]* como "Guerrilla Urbana de Señalización de código abierto". La idea es muy simple, se trata de ayudar a los peatones a superar la barrera de la percepción de la distancia y así promover una forma de vida más saludable.

En el evento *Triangle Wiki Day* del que hemos hablado, Tomasulo manifestó su intención de hacer de su *Walk Raleigh*

---

20 Adaptado de "*Open source wayfinding with Walk [Your City]*", © 2012 *opensource.com*, publicado bajo licencia *Creative Commons Attribution-ShareAlike 3.0 Unported.*

algo de alcance más global y confirmó que, gracias a la metodología del código abierto, había encontrado la forma perfecta de hacerlo. La aventura del "paseo de código abierto" había comenzado.

Tomasulo organizó una campaña de promoción a través del sitio web *Kickstarter*[21] donde obtuvo muchos apoyos y más de 8.000 € en aportaciones económicas, para el Proyecto *Walk [Your City]*.

En la siguiente entrevista con Matt Tomasulo realizada en abril del 2012, podemos ver como la filosofía del código abierto intervino en el desarrollo del proyecto *Walk [Your City]*.

Hablemos de Walk [Your City]

Walk [Your City] es una página web muy sencilla para que cualquiera pueda crear señales similares a la que hicimos para la campaña *Walk Raleigh*.

Pero antes déjeme hablar sobre *Walk Raleigh* que comenzó como un conjunto de 27 carteles no oficiales, instalados en tres intersecciones en el centro de Raleigh. Las indicaciones eran básicas, incluían una flecha, el destino, un color, el código QR[22] y un texto que indica el número de minutos que se tarda en llegar caminando al destino indicado, áreas comerciales, edificios notables de la ciudad, o espacios abier-

---

21 *Kickstarter* es un sitio web de financiación colectiva para proyectos creativos.

tos como parques y plazas públicas.

En los últimos dos meses, *Walk Raleigh* ha atraído la atención de los medios de comunicación locales, nacionales e internacionales, apareciendo la noticia por ejemplo en el periódico *The Atlantic*, en *NPR* (*National Public Radio*) y en la *BBC* (*British Broadcasting Corporation*). La gran repercusión que ha tenido en estos medios ha provocado que haya habido muchas personas interesadas en llevar a cabo esta campaña en otras ciudades.

Pensamos que, desde un punto de vista informático, no debería haber ningún problema para copiar este proyecto en cualquier otra ciudad o pueblo, y esta creencia, al final, nos ha llevado a desarrollar el modelo *Walk [Your City]* que además sirva como una herramienta para facilitar el intercambio de ideas y la ayuda mutua.

¿Por qué caminar?

Además de los obvios beneficios relativos a la salud personal, mientras más y más peatones haya en las calles, nucstras ciudades serán más saludables, más sociables, más prósperas económicamente, y tendrán mayor calidad medioambiental.

---

22 Un código *QR* es un tipo de código de barras bidimensional. A diferencia de un código de barras convencional permite almacenar información alfanumérica como, por ejemplo, una dirección de internet. Con la ayuda de un *smartphone* podemos recuperar esta información con tan solo apuntar la cámara hacia el código *QR*. Ver *www.qrcode.com*.

Nos hemos dado cuenta que uno de los mayores problemas que tiene caminar es que la gente tiene una idea equivocada al respecto, lo cual esperamos poder cambiar por medio de *Walk [Your City]*.

¿A quién va dirigido?

Walk [Your City] está pensado tanto para las autoridades de la ciudad como para todos los ciudadanos. Nuestro objetivo es que cualquier persona sea capaz de diseñar y compartir una de estas señalizaciones, o un conjunto de ellas, con los vecinos de su calle, con los de su barrio, o con los de su ciudad.

Muchas personas nos han preguntado por qué necesitamos crear una plataforma como ésta, dado que nuestras señales son bastante básicas. Sin embargo tengo que decir que son precisamente tan simples debido a la gran cantidad de tiempo dedicado a planificar, a elucubrar, a aportar ideas y a combinar diversos programas informáticos. Crear las 27 primeras señales nos llevó casi una semana. Esperamos poder mejorar el proceso y eliminar todo tipo de obstáculos técnicos que pudieran impedir a alguien como mi padre, por ejemplo, con casi setenta años, crear su propia campaña de paseo con sólo hacer unos clics y acudir a la tienda de rótulos más cercana.

La transparencia y la accesibilidad parecen ser los principios fundamentales de Walk [Your City], ¿por qué son tan importantes para este proyecto?

Todo el mundo es peatón, y en verdad todos lo somos a diario, seamos conscientes de ello o no, y todos somos caminantes, pues aunque vayamos en silla de ruedas también caminamos. Caminar, siendo peatones como somos, y hacerlo en un ambiente social, económico y medioambiental saludable, es una opción a la que todos podemos aspirar.

Walk Raleigh ha demostrado que actuaciones sencillas, a veces de una sola persona, pueden cambiar la percepción y las costumbres de forma radical. Y no queremos bloquear ninguna posibilidad de mejorar esta campaña por el paseo, o este movimiento, como ya algunas publicaciones lo están llamando, y que se pudiera echar a perder por nuestra culpa.

Creemos que un intercambio positivo y abierto de ideas sobre cómo vivimos puede hacer que se adopten mejores decisiones para el futuro. Estas señales son una gran herramienta para ayudar a las ciudades a ensayar, con nuevas ideas y estrategias de adaptación, alternativas para transitar por ellas, introduciendo, con el mínimo riesgo, nuevas posibilidades para la ciudadanía. En consecuencia, no pensamos que un proyecto destinado a mejorar el bien común deba ser acaparado por un grupo u organización, o limitarse a una sola ciudad. Por eso lo hemos puesto a disposición de todo el mundo.

¿Cree usted que otras ciudades en el mundo copiarán este proyecto y podrán mejorarlo?

Este proyecto es una consecuencia directa a la demanda

de otras ciudades y de otras organizaciones que deseaban adaptar e incorporar la idea. Chattanooga, Tennessee, y Durham, Carolina del Norte, ya han adaptado el proyecto. Hoboken, New Jersey, ha incorporado el proyecto en su plan integral de señalizaciones e indicaciones.

También hay varias organizaciones sanitarias y de otros tipos que con sus patrocinios quieren ayudar a expandir el proyecto. Además, hemos recibido una gran cantidad de preguntas por parte de ciudadanos que por sí solos están implantando este sencillo sistema en sus pueblos, con la tecnología que hemos puesto a su disposición.

¿Cómo va a usar Walk [Your City] el concepto de innovación abierta y por qué eligió el código abierto para el desarrollo de este proyecto?

Con la página *Walk [Your City]* cualquier persona será capaz de crear señales utilizando las mismas herramientas que nosotros empleamos. Esperamos poder desarrollar en la web una red sencilla que anime a la gente a participar en un diálogo abierto sobre cómo instalar, adaptar e incorporar las señales a sus comunidades. Con la creación de una gran comunidad en torno a las señales y al hecho de caminar, queremos promover la implantación de nuevas alternativas de forma de vida saludables en nuestras ciudades.

Elegimos el método de trabajo del código abierto por una razón muy sencilla. El método del código abierto y el hecho de que caminar esté disponible para cualquiera encajan perfectamente. Cuando se trata de algo que nos afecta a todos, creemos que todos debemos tener acceso a ello.

Háblenos, por favor, acerca de la campaña de Walk [Your City] en Kickstarter y lo que espera lograr con ella.

Kickstarter es un recurso increíble disponible en la web, que ha crecido más rápido y durado más tiempo de lo que muchos creían. El concepto de financiación popular ha sido reconocido por los principales medios de comunicación como un medio aceptable y digno de confianza. Decidí lanzar *Walk [Your City]* en *Kickstarter* porque esta plataforma es una forma de publicidad fantástica así como un medio para recaudar fondos. La gente vota, literalmente con sus dólares y con poco riesgo, y se consigue el reconocimiento de mercado en tiempo real, si la idea merece la pena.

***

Tengo que admitir, después de la entrevista, que el proyecto *Walk [Your City]* me gusta muchísimo. El concepto es tan simple que la idea se ha expandido rápidamente. Usar la metodología del código abierto es, efectivamente, el mejor camino para que el proyecto se adapte a todas las necesidades. Además, usando ese modelo, el proyecto podrá cambiar de escala e implantarse, además de en Raleigh, en otras ciudades, de forma análoga a cómo explicó Kevin Curry que ocurrió cuando hizo de *CityCamp* una marca de código abierto.

3.4.2.- Posibilidades de desarrollo

Unas semanas después de la entrevista anterior, almorcé con Tomasulo quien seguía muy interesado en el código abierto y en desarrollar la tecnología necesaria para este proyecto sobre la base de programas informáticos de código abierto.

Como ocurre con muchos emprendedores sin experiencia con el software de código abierto, a veces cuesta un poco de trabajo que entiendan las ventajas que tienen estos programas. Analicé con Tomasulo los distintos escenarios y alternativas que se podían presentar e inmediatamente empezamos a ver las ventajas que podrían reportar.

Uno de los inconvenientes más importantes era que él no es programador aunque, en realidad, eso sólo significa que él es el dueño de la idea, no quien tiene que escribir el programa del proyecto. No creo que haya nada de malo en eso. De hecho, esa es una circunstancia que me estoy encontrando con frecuencia en Raleigh, donde las ideas que se podrían implementar usando software de código abierto superan los recursos de que disponemos para desarrollarlas.

También es interesante mencionar que las primeras señales que se colocaron con motivo del proyecto *Walk Raleigh* violaban las ordenanzas y tuvieron que ser retiradas. Tomasulo trabajó con Mitchell Silver y su equipo del Departamento de Planificación para lograr los permisos necesarios, y ahora las señales ya son legales. Hay ideas sencillas que, cuando la ciudadanía las acepta y los políticos las comprenden, se incorporan con facilidad a la normativa de la ciudad.

Veo muchísimas posibilidades al proyecto Walk *[Your City]*. Cuando estuve en el *CityCamp Kansas City* me interesé por su futuro programa para compartir bicicletas. Veo claramente que *Walk [Your City]* se podría beneficiar y complementarse con el proyecto para compartir bicicletas e incluso coches a través de *ZipCar*. Imagínese devolver la bicicleta o el coche en un estacionamiento y que el sistema de indicaciones *Walk [Your City]* le informara sobre los lugares a los que desde allí se puede llegar caminando. ¡Eso sería fantástico!

3.5.- Conclusión: algo hay en la cultura

Parece evidente que "algo deben poner en el agua" que bebemos en Raleigh para que todos seamos tan entusiastas apoyando la colaboración y la participación. En los ejemplos anteriores se puede ver cómo la cultura de esta ciudad está influenciada por el método del código abierto, y lo que más me gusta de ellos es que están dirigidos por ciudadanos. Aunque ninguno está directamente relacionado con el movimiento por un gobierno abierto, las características de la gente que los dirige nos dice claramente que esa cultura está embebida en Raleigh, lo que se traduce muy fácilmente en el compromiso y la participación de la ciudadanía. De ello trataremos en el próximo capítulo.

Capítulo III: Puesta en Marcha en Raleigh del Gobierno Abierto y la Política de Datos Abiertos

Raleigh no ha sido la primera ciudad cuyo Ayuntamiento ha aprobado una resolución para establecer un gobierno abierto, ni será la última. Sin embargo, con un proyecto sólido por el gobierno abierto y una hoja de ruta, Raleigh está haciendo grandes grandes avances, y si eso se combina con la mentalidad abierta que existe en la ciudad, estoy seguro que muy pronto Raleigh será una de las ciudades líderes en lo referente al movimiento por un gobierno abierto.

Para captar la atención de un concejal de cualquier Ayuntamiento, sólo hay que pronunciar las palabras mágicas: "creación de puestos de trabajo". Pero aunque se emplee mucho tiempo y esfuerzo en explicarles los principios y los valores del código abierto, no hay garantía de que se les encienda la bombilla.

Empleando, incluso, la analogía de la receta de cocina descrita anteriormente, todavía habrá gente que no vea la conexión entre una resolución por un gobierno abierto y el desarrollo económico. Pero ya hablaremos más sobre creación de empleo e innovación en el capítulo V.

En este capítulo comentaremos lo que Raleigh ha conseguido en los últimos dos años en los dos frentes, el gobierno abierto y los datos abiertos. Por mi parte soy muy optimista en relación con el futuro, pero primero veamos lo que se ha logrado hasta hoy.

1.- ¿Cómo se puede conseguir que un Ayuntamiento apruebe una normativa para un gobierno abierto?[23]

El 7 de febrero de 2012, el Consejo Municipal de la Ciudad de Raleigh aprobó por unanimidad una Resolución para adoptar una forma de gobierno abierto, promoviendo el uso de software de código abierto y la política de datos abiertos.

La Resolución implica que se redacten las Peticiones de Propuestas, de manera que los programas informáticos de código abierto tengan las mismas posibilidades que los programas con licencia, o privativos, que se estaban comprando hasta ahora. De igual manera, la Resolución establece que se cree una base de datos que cumpla con los principios la política de datos abiertos, para albergar toda la información disponible de la ciudad.

Aunque Raleigh no fue la primera ciudad en aprobar una normativa para la promoción de una forma de gobierno abierto, sí puede ser la primera en proporcionar un modelo que puede ayudar a otras ciudades a aprobar, con mayor rapidez, sus propias iniciativas por la Apertura.

---

23 Adaptado de *"How to get your city to pass an open government policy"*, © 2012 *opensource.com*, publicado bajo licencia *Creative Commons Attribution-ShareAlike 3.0 Unported.*

El principal objetivo a alcanzar es asegurarse que los concejales conozcan y entiendan la filosofía del código abierto. Y no estamos hablando de cómo crear software usando del modelo de desarrollo de programas informáticos con código abierto, ni de tipos de licencias de cesión del uso del mismo, ni de cómo desarrollar empresas basadas en la comercialización de ese tipo de software. Nos estamos refiriendo a los fundamentos del código abierto: transparencia, colaboración, meritocracia y al ensayo temprano de propuestas. A veces la política pública puede carecer incluso de lo básico: disposición a compartir.

Cuando, dos semanas antes de pasarla por el Pleno del Ayuntamiento de Raleigh, la Resolución fue aprobada por el Comité de Informática y Comunicaciones, los concejales partidarios del gobierno abierto estaban encantados, y quisieron conocerla mejor. Querían saber cómo funcionaría la Resolución planteada y de qué manera podrían copiarla otras ciudades.

Pedí al concejal Gaylord Bonner, Presidente del Comité de Informática y Comunicaciones que me contara cómo se había desarrollado el proceso para llegar hasta aquí con éxito y qué dificultades había tenido que afrontar. En línea con el espíritu del código abierto, Gaylor estuvo feliz de compartir su aventura con nosotros. Por mi parte espero que esta narración ayude a defender el código abierto en otros municipios.

¿Por qué Raleigh intenta implantar una política abierta de gobierno?

Raleigh pretende adoptar el código abierto como una ampliación de los pilares básicos de la estructura de su Gobierno, esto es: completa transparencia y apertura. Los gobiernos democráticos, cuando lo son de verdad, siempre han tenido los ideales del código abierto en el corazón de su estructura básica. El organigrama básico de un gobierno democrático se rige por lo siguiente: los ciudadanos, que están en la cúspide de la estructura, contratan a los directivos o responsables de la gestión municipal a través del proceso electoral.

Estos responsables elegidos en las urnas, contratan a su vez a los técnicos que desarrollan los diferentes trabajos. En esta estructura organizativa los ciudadanos son los jefes, y los jefes tiene derecho a saber todo lo que está ocurriendo en su organización. Fuera de las áreas obvias, aunque a veces no lo sean tanto, el Gobierno debería hacer todo de forma abierta y transparente, proporcionando a los ciudadanos (sus jefes) la mayor cantidad de información posible.

¿Por qué los gobiernos de otras ciudades deberían hacer lo mismo?

En otras ciudades deberían hacer lo mismo por muchas

razones, por ejemplo para:

- Demostrar a sus ciudadanos-jefes que está haciendo su trabajo y haciendo lo posible para dar respuesta a sus necesidades.

- Mostrar toda la información y los métodos de trabajo ya que nunca se sabe si los ciudadanos-jefes pueden tener una idea interesante para hacer las cosas mejor, o pueden aportar una buena sugerencia.

- La apertura hace que los ciudadanos se sientan cómodos y adquieran sentido de propiedad. Hay una mayor probabilidad de que se comprometan y estén más satisfechos si se sienten dueños y orgullosos de esa propiedad.

¿Cómo se empieza en una ciudad?

Simplemente tirando del carro... No importa si lo hace un político, un ciudadano o un funcionario de la organización municipal, lo importante es poner una resolución encima de la mesa y ver hasta dónde llegamos.

¿Es necesaria la colaboración del personal del Departamento de Tecnología de la Información?

Es absolutamente necesaria la colaboración del personal de ese Departamento para que el tema funcione. Si no estamos todos subidos al barco tendremos muy pocas posibilidades de avanzar de forma positiva. Todavía hay mucho miedo en asumir el método del código abierto por parte de las personas que no están familiarizadas con esa forma de trabajar y con los cocimientos y medios informáticos que utilizamos, y si se desea sabotear una iniciativa de código abierto cualquier miembro del Departamento puede hacerla fracasar fácilmente.

¿Cómo le explicó a los políticos lo que es el sistema del código abierto?

Hablándoles en términos muy sencillos. Una buena analogía que supuso el momento de revelación para alguno de los concejales fue el de la receta para hacer galletas. Efectivamente todos habían visto cómo la receta de las galletas de sus abuelas iba transmitiéndose a lo largo del tiempo.

Bien, ¿prefieres tener una galleta o la receta para hacer galletas? Obviamente, prefieres tener la receta porque así puedes hacer tus propias galletas, pero además, puedes modificarlas, hacerlas mejor, añadirles nueces... o lo que más te guste. Eso es sencillamente lo que significa apertura.

2.- Resolución aprobada por el Ayuntamiento de Raleigh por un gobierno abierto y su hoja de ruta.[24]

Ahora veremos el texto oficial de la "Resolución por un Gobierno Abierto" del Ayuntamiento de Raleigh a la que se refería el concejal Gaylord, aunque en la web se pueden encontrar otros ejemplos de resoluciones aprobadas por otros ayuntamientos.

Si alguien está pensando en proponer una resolución de este tipo en su propia ciudad, puede elegir un modelo como el de Raleigh, por ejemplo, como punto de partida, y cambiar lo que le parezca oportuno para adaptarla a lo que crea que su ciudad necesita. También es importante tener una hoja de ruta o al menos un par de hitos a alcanzar una vez que se tenga la resolución aprobada, a fin de saber dónde se quiere llegar. Es fantástico tener aprobada una resolución pero si no se sabe dónde se quiere ir, habrá muchas dificultades para que la resolución se consolide y alcance el resultado deseado.

Incluimos a continuación el texto de la resolución aprobada por el Ayuntamiento de Raleigh así como el plan de actuación que Gail Roper, Jefa de la Oficina de Tecnología de la Información de dicho Ayuntamiento, presentó para su aprobación al Pleno Municipal.

---

24 Adaptado de *"How to get your city to pass an open government policy"* © 2012 *opensource.com*, publicado bajo una licencia *Creative Commons Attribution-ShareAlike 3.0 Unported.*

OPEN SOURCE GOVERNMENT RESOLUTION

RESOLUCIÓN NO. (2011)

RESOLUCIÓN QUE MANIFIESTA LA INTENCIÓN DEL AYUNTAMIENTO DE CREAR UN GOBIERNO ABIERTO PARA FOMENTAR EL USO DE SISTEMAS DE CÓDIGO ABIERTO Y GARANTIZAR EL ACCESO LIBRE Y ABIERTO A LOS DATOS PÚBLICOS

CONSIDERANDO que la Ciudad de Raleigh se compromete a utilizar la tecnología para fomentar una forma de gobierno abierto, transparente y accesible; y

CONSIDERANDO que compartiendo libremente la información, la ciudad de Raleigh pretende encontrar nuevas oportunidades para el desarrollo económico, el comercio, el aumento de la inversión y el compromiso cívico; y

CONSIDERANDO que la adopción de procedimientos abiertos mejora la transparencia, el acceso a información pública y así como la coordinación y la eficiencia entre las organizaciones públicas, las organizaciones sin ánimo de lucro y las pertenecientes al sector privado; y

CONSIDERANDO que las características de los programas informáticos de código abierto permiten facilitar las evaluaciones comparativas y trabajar con transparencia a la hora de crear un conjunto de programas de calidad, seguros y compatibles, y además hacerlo de forma rápida y con bajo coste; y

CONSIDERANDO que la Ciudad de Raleigh tiene como objetivo fomentar una comunidad de programadores de software que desarrolle aplicaciones informáticas y herramientas para recoger, organizar y compartir datos públicos con métodos nuevos e innovadores que beneficien tanto a los ciudadanos como al Gobierno de la Ciudad;

AHORA, Y EN CONSECUENCIA, EL CONSEJO MUNICIPAL DE LA CIUDAD DE RALEIGH RESUELVE:

Artículo 1. Que el Departamento de Tecnología de la Información de la Ciudad de Raleigh establecerá un sistema abierto de compras, que incluirá especificaciones en las futuras Solicitudes de Propuestas (*RFP, Requests for Proposals*) para fomentar soluciones tecnológicas bajo un modelo de licenciamiento de código abierto con el cual se puedan almacenar y exponer datos públicos usando protocolos abiertos y estandarizados.

Artículo 2. La Ciudad de Raleigh establecerá un *website* con datos abiertos en *www.raleighnc.gov/open* que servirá como catálogo de datos de la ciudad disponibles en formatos abiertos.

Hoja de ruta para las próximas etapas:

1. Próximas etapas en la implantación del sistema de datos abiertos: Respuesta del personal del Ayuntamien-

to

- Continuar obteniendo auspicio ejecutivo

- Definir los recursos necesarios

- Establecer un Modelo de Gobernanza

2. Preparación del sistema de datos abiertos

- Establecer el catálogo

- Creación de normativa para la política de datos abiertos (cómo determinar qué datos pueden o van a ser publicados, priorización, formatos, procesos internos, titularidad, etc.)

- Selección de programas para el catálogo

- Puesta en marcha del proyecto

- Integración con la comunidad favorable a los datos abiertos de Raleigh

3. Código Abierto

- Definir unas normas de procedimiento interno con los criterios para la evaluación y la selección de software de código abierto

- Hacer un inventario de software y protocolos de código abierto disponibles

- Crear un marco de trabajo para que el Ayuntamiento de Raleigh pueda actuar como productor de software de código abierto, en el que se establezcan modelos que recojan las condiciones en las que se van a ceder los usos del software desarrollado, se disponga de un espacio de almacenamiento o repositorio en la red del código fuente desarrollado, etc.

4. Participación de los ciudadanos: Popularizar el proyecto.

- Colectivos ciudadanos

- Conexión entre los programas de desarrollo juvenil y la comunidad por un gobierno abierto.

- Conexión entre la comunidad de emprendedores y los colectivos interesados en apoyar un gobierno abierto

- Importancia del acceso de banda ancha para que todo esto sea de utilidad

***

En abril del 2012, el Ayuntamiento de Raleigh aprobó una resolución asignando 35.000 € para la elaboración del catálogo de datos abiertos. Fue un paso audaz que al menos aseguraba que el camino estaba iniciado. Había que asegurar que el portal de datos abiertos se hiciese realidad.

Dos concejales votaron en contra de que la iniciativa

tuviera un carácter prioritario en el presupuesto del Ayuntamiento. En mi opinión esta postura negativa no fue debida a que estuvieran en contra de la iniciativa sino a la forma en que se había presentado para su aprobación.

Normalmente el Director General del Ayuntamiento presenta al Consejo un presupuesto para su deliberación. En este caso los miembros del Consejo solicitaron al Director General que incluyera los fondos que hemos mencionado en la siguiente propuesta de presupuesto pero con carácter prioritario y no por el procedimiento normal. De acuerdo con lo que yo sé de este Ayuntamiento, este tipo de priorización no había ocurrido en los últimos diez años. Y fue fantástico ver como los concejales elegidos por la ciudadanía, estaban apoyando de esa forma unos fondos tan necesarios para hacer de Raleigh una ciudad abierta.

3.- Una ciudad de código abierto se pone en marcha: La plataforma web *Open Raleigh*[25]

El gobierno abierto de la ciudad de Raleigh se apuntó otra victoria cuando el 11 de mayo de 2012 anunció la puesta en marcha de *Open Raleigh.*

Open Raleigh es un una plataforma *online* con informa-

---

25 Adaptado de *"An open source city takes shape: Open, online tools and data"* © 2012 *opensource.com*, publicado bajo licencia *Creative Commons Attribution-ShareAlike 3.0 Unported.*

ción en formato abierto, con aplicaciones web y móviles, así como enlaces a otras organizaciones y canales de participación. Todo ello forma parte de la estrategia de Raleigh enfocada a la transparencia, la colaboración y la mejora del acceso a la información.

Esta fue la primera prueba del trabajo que se empezó a hacer para la aplicación de la resolución de código abierto que aprobó por unanimidad el Pleno del Ayuntamiento de la ciudad, en febrero del 2012.

Formando parte del anuncio de *Open Raleigh*, la ciudad incluyó un sistema de *feedback online*: *My Raleigh Ideas!* Se trata de un servicio de colaboración con el público para solicitar ideas sobre los próximos proyectos y nuevas actuaciones.

La primera cuestión que el Ayuntamiento planteó fue conocer la opinión de los ciudadanos acerca de qué tipo de información y en qué formato consideraban prioritario disponer de ella, con el fin de establecer la estrategia a seguir con el sistema de datos abiertos.

Para lograr el mayor provecho de trabajar de acuerdo con el método del código abierto hay que basarse en el establecimiento de una estrategia de datos abiertos de común acuerdo con los ciudadanos y otros agentes económicos y sociales implicados en la ciudad. El personal del Ayuntamiento "debe comprometerse con los grupos de ciudadanos, los programas de desarrollo juvenil, los empresarios y los emprendedores para diseñar una estrategia de datos abiertos", de acuerdo con lo que se establece en la página principal del sitio web *Open Raleigh,*.

La estrategia de una ciudad *de código abierto* se basa en una permanente colaboración con los ciudadanos. Recoger su opinión a través de los concejales, de los funcionarios municipales, y de los grupos sociales como los Comités Asesores de Ciudadanos, ya es parte de la cultura de código abierto de Raleigh.

En la página *Open Raleigh* hay, además, distintas soluciones informáticas que permiten plantear y/o resolver diferentes temas. Ha sido una estrategia formidable ir mejorando la operatividad de la página día a día, en lugar de esperar que todo estuviera a punto para situarla en la web. Este es el concepto de "actúa cuanto antes y corrige con frecuencia" que también forma parte del método del código abierto.

En nuestra opinión, los gobiernos municipales no deben dedicarse a desarrollar programas para resolver problemas informáticos que ya están resueltos, sería una redundancia. ¿Por qué empeñarse en volver a inventar la rueda cuando uno puede suscribirse a un flujo incesante de programas y actualizaciones o bien implantar una solución que ya ha resuelto antes el problema tecnológico entre manos? Por eso aplaudimos la actitud del Ayuntamiento de Raleigh que está construyendo su plataforma *Open Raleigh* usando programas y componentes de software de código abierto intercambiables ya existentes. También está utilizando con éxito diferentes tecnologías, con un enfoque estratégico para crear una solución de datos abiertos amplia y consistente, integrada en la plataforma municipal *Open Raleigh.*

Veamos algunos de los componentes informáticos que se están usando en dicha plataforma.

3.1.- *ESRI* y *Socrata* potencian *Open Raleigh*

ESRI geoportal server es una aplicación informática de código abierto que permite la búsqueda, el uso y la publicación de bases de datos como recursos geoespaciales. Permite descargas personalizadas de datos a través del uso de una interfaz basada en mapas. *ESRI* también se usa a nivel de condado y de estado, lo que hace que la búsqueda sea fluida. Ciudadanos, programadores y empresas pueden superponer prácticamente 100 capas geoespaciales disponibles a través de este geoportal.

Como complemento, el Ayuntamiento de Raleigh anunció en marzo de 2013 la implementación de la versión beta de *Socrata* en su plataforma *Open Raleigh* .

Socrata es una empresa que suministra a organizaciones

gubernamentales un software para montar una plataforma de información social y otras soluciones de datos abiertos.

El software de *Socrata* se utiliza para albergar bases de datos y otras informaciones complejas, como datos geoespaciales y archivos heterogéneos, y poder transformarlos en información fácilmente accesible y reutilizable. Pero lo más importante es que permite a los ciudadanos, en general, crear fácilmente representaciones gráficas de los datos. Esto hace que los datos sean más asequibles y más útiles para aquellos ciudadanos que no quieren leer largas columnas y filas de datos dentro de unas tablas.

Con la puesta en servicio de la versión beta de *Socrata*, en el portal de información *Open Raleigh* se encuentran disponibles datos relativos a delitos cometidos, a incendios ocurridos, información geoespacial útil para el sector inmobiliario, para las comunidades, sobre situación de aparcamiento, algunos datos económicos y sobre concesión de permisos y licencias.

Con todo ello el personal del Departamento de Tecnología de la Información continúa trabajando con otros departamentos del Ayuntamiento para verificar las informaciones y poder añadir de forma conveniente, nuevas bases de datos que sean importantes para la ciudadanía de Raleigh.

3.2.- *Granicus* potencia la participación ciudadana

La página *My Raleigh Ideas!*, dentro de la plataforma municipal *Open Raleigh*, utiliza el programa *CivicIdeas*, una aplicación de código abierto de *Granicus*, para recibir ideas, sugerencias y comentarios de los ciudadanos.

El Ayuntamiento de Raleigh usó esta aplicación de *Granicus*, a modo de prueba, en su estrategia de implantación de su proyecto de datos abiertos, para comprobar la operatividad de su funcionamiento, al preguntarle a los ciudadanos qué tipo de datos de carácter general era prioritario para ellos y en qué formato.

Después de los resultados positivos de la prueba, esta aplicación fue incorporada definitivamente a la página *MyRaleigh Ideas!*, y se puso a disposición de los diversos departamentos municipales para que lo utilizaran cuando necesitasen conocer la opinión de la ciudadanía sobre algún tema o proyecto concerniente a su área de actuación.

3.3.- *GovDelivery* hace más eficaz el uso del *email*.

La aplicación *GovDelivery* ayuda a los departamentos municipales a hacer más efectivas sus comunicaciones digitales con los ciudadanos. Raleigh ha implementado una modalidad de suscripción para recibir información por correo electrónico, denominada *My Raleigh Subscriptions* que permite a los ciudadanos suscribirse y recibir información actualizada vía *email* desde los departamentos municipales de su elección, como por ejemplo, el de Parques y Zonas de Recreo. Esta aplicación está basada en un software de *GovDelivery*.

Desde mi experiencia personal, este sistema me ha permitido evitar la recepción de un montón de correos electrónicos duplicados remitidos desde los distintos departamentos municipales. Los ciudadanos podemos escoger entre una gran variedad de temáticas que van desde avisos sobre algún asunto de nuestro interés a boletines electrónicos periódicos, desde convocatorias de conferencias a nuevas publicaciones, desde información sobre eventos a alertas de criminalidad y muchas más, y recibir, sólo una vez, la información que realmente nos interesa.

3.4.- *SeeClickFix*, una solución *Open311*

SeeClickFix es una manera que tienen los ciudadanos de informar de los problemas en su ciudad que no son de emergencia, tales como baches, pintadas en las paredes o aceras rotas.

Detrás de *SeeClickFix* está el software *Open311*[26] que ya muchas ciudades emplean hoy, y que consiste en un desarrollo informático que permite acceder de forma libre en las dos direcciones, es decir enviando una comunicación sobre problemas, y recibiendo una respuesta o comentario a la misma.

Los ciudadanos ya no tienen que volverse locos buscando un número de teléfono, ni andar rebotando de un departamento municipal a otro. Una vez que han detectado un problema, pueden hacer un clic para informar de él a través de un sitio web o de una aplicación en su móvil, el Ayuntamiento se da por enterado del problema y lo canaliza al departamento pertinente para que lo solucione.

Al final de este capítulo hablaremos en profundidad acerca de cómo se implantó *SeeClickFix* en Raleigh.

4.- El impacto de *Open Raleigh*[27]

Ahora que ya hemos revisado los componentes tecnológicos

---

26 *Open 311* es un software de código abierto diseñado para facilitar la comunicación abierta y continua, entre los ciudadanos y los Gobiernos y Organismos Oficiales. Es el software de base para la aplicación *SeeClickFix*. Los dígitos 311 aluden al número de teléfono gratuito que, en las ciudades de los Estados Unidos, está a disposición de los ciudadanos para comunicar problemas de la ciudad que no sean de emergencia. Ver *www.open311.org.*

27 Adaptado de "*An open source city takes shape: The impact of Open Raleigh*", © 2012 *opensource.com*, publicado bajo licencia *Creative Commons Attribution-ShareAlike 3.0 Unported.*

que están a la base de las funcionalidades de *Open Raleigh*, incluyendo los de *ESRI*, *Socrata*, *Granicus* y *SeeClickFix*, cambiemos de perspectiva y veamos cómo está impactando en los ciudadanos esta combinación de herramientas.

El objetivo que se pretende alcanzar al usar este tipo de medios informáticos es que el Gobierno Municipal deje de circular por una calle de un sola dirección. El Ayuntamiento de Raleigh está incrementando la participación ciudadana aportando nuevas ideas y dándoles el soporte técnico necesario para llevarlas a la práctica.

La combinación de todos los medios técnicos a los que nos hemos referido ha permitido que el Gobierno Municipal de Raleigh disponga de una plataforma bien confeccionada, pero sobre todo que fluye en los dos sentidos. Algo con lo que muchos visionarios del gobierno abierto llevaban tiempo soñando.

En el fondo de lo que se trata es de colaborar. El Ayuntamiento está siguiendo una hoja de ruta que implica hacer propuestas a los ciudadanos y aprovechar sus respuestas. Por ejemplo, se solicitó a los colectivos de *geeks* cívicos que ayudaran a configurar el primer esquema de trabajo para montar el portal de datos abiertos dentro de *Open Raleigh* y lo hicieron a través de a *My Raleigh Ideas!* que utiliza la aplicación informática *CivicIdeas* de *Granicus*, como ya hemos indicado.

Esto significa que el trabajo se está haciendo, aportando lo que el Gobierno Municipal necesita y satisfaciendo las necesidades de los ciudadanos y, además, a un coste razonable. Fomentar el entusiasmo de los diferentes grupos, como *CityCamp Raleigh*, también forma parte de la estrategia ya que el gobierno de la ciudad entiende que el método del código abierto implica una cooperación continua con los ciudadanos.

El lema "actúa cuanto pronto y corrige con frecuencia" que antes se ha mencionado, implica que no se debe tardar mucho tiempo entre que surge la idea y se concreta en un resultado. Es preferible corregir el resultado antes que retrasar su puesta en operación. Esto mantiene la actividad y evita que las partes involucradas, tanto ciudadanos como funcionarios, pierdan interés.

Por eso el Ayuntamiento de Raleigh no dejó pasar mucho tiempo desde que aprobó la resolución hasta que se colgaron los primeros datos abiertos en la plataforma *Open Raleigh*. De hecho se implementó *SeeClickFix* y el geoportal de *ESRI* antes de que dicha resolución estuviera formalmente en vigor, y el portal para la suscripción a través de *emails*, *My Raleigh Subscriptions*, con el software *GovDelivery*, y el de *My Raleigh Ideas!* con el *CivicIdeas* de *Granicus*, empezaron a funcionar sólo tres meses después de la aprobación de la misma.

Esto fue posible porque el método del código abierto ya era parte de la cultura de Raleigh incluso antes de la aprobación de la resolución. Por tanto, ahora que hay una normativa, una hoja de ruta, una plataforma *Open Raleigh*, y datos abiertos en funcionamiento, Raleigh está en la mejor disposición para llegar a ser la primera ciudad de código abierto del mundo.

5.- Datos abiertos: datos útiles y fáciles de entender

Uno de los aspectos más importantes de la iniciativa de datos abiertos de la Ciudad de Raleigh es que no se trata sólo de proporcionar datos. Los funcionarios del Ayuntamiento que trabajan en la normativa de publicación de datos en la plataforma *Open Raleigh*, entienden que presentar conjuntos de datos en bruto significa que el trabajo queda a medio hacer. Sin herramientas gráficas de visualización o una forma de que las personas corrientes puedan comprender lo que significan los datos, el trabajo queda inconcluso.

También son conscientes de que al dar los datos de forma clara y correcta pueden incentivar el surgimiento de nuevas ideas y, en consecuencia, la creación de empresas. Por eso el Ayuntamiento está dedicando tantas horas de trabajo de sus funcionarios en averiguar qué datos son más importantes para sus ciudadanos.

Quise saber más acerca de cómo el Ayuntamiento de Raleigh estaba definiendo su política sobre este tema y qué se esperaba obtener del portal web con datos abiertos, y para ello le pedí a Jason Hare, Responsable del Programa de Datos Abiertos en el Departamento de Tecnología de la Información del Ayuntamiento, que me contara sus ideas.

¿Cómo definiría usted el concepto "datos abiertos"?

El portal web para la publicación de datos abiertos es la infraestructura del sistema de información de la ciudad de Raleigh. Los conceptos "datos abiertos", "gobierno abierto" y las leyes referentes a la libertad de información están relacionados. No obstante, aunque a veces se solapan, no son la misma cosa.

La política de publicación de datos abiertos sigue unas reglas culturales, éticas y técnicas. En último término, los datos abiertos se definen como un conjunto de datos elaborado por una entidad gubernamental y puesto a disposición de los ciudadanos.

La decisión de nuestro Ayuntamiento ha sido seguir las normas de la *Open Knowledge Foundation (OKFN)*, que establecen las características que los datos deben tener para que sean legibles por los diferentes sistemas informáticos y regulan acerca de cómo deben organizarse. Y, sobre todo, los criterios éticos para la publicación de los datos.

¿Por qué se ha considerado necesario que el Ayuntamiento de Raleigh contrate a un responsable del sistema de datos abiertos?

El Ayuntamiento de Raleigh quería que su proyecto de datos abiertos se desarrollara de manera que fuera consistente en el tiempo, transparente y accesible, por eso contrató a un responsable directo del mismo. De esta manera demostraba su compromiso con la idea de apertura en relación al desarrollo de una estrategia centrada en los datos que se iban a publicar y en la participación de los ciudadanos.

¿Cuál es su idea acerca de la plataforma de datos abiertos de Raleigh?

Estoy preparando un libro blanco sobre el tema. En pocas palabras, la actitud de publicación de datos abiertos es el comienzo de un proceso de aculturación que nos va a llevar a unas relaciones transparentes y de colaboración entre el Gobierno y los ciudadanos.

Aunque este proyecto es necesario, no es suficiente para conseguir el objetivo de la aculturación. *Open Raleigh*, como buque insignia, hará todo lo posible para facilitar la accesibilidad de los datos y la manejabilidad de la información, pero sin condicionarnos a usar ningún software en particular, sino que somos nosotros mismos los que estamos construyendo un armazón propio usando diversas tecnologías para poder entregar la información de la ciudad, en el modo que ella lo requiera.

¿Cuál es la diferencia entre proporcionar una base de da-

tos o una base de datos de datos abiertos con un sistema de visualización?

No hay transparencia sin la debida adecuación de los datos para su uso. Las filas de números dentro de tablas, la información en archivos GIS y las cifras del presupuesto en ficheros *csv* (*comma-separated values*), van a estar disponibles para aquellos que quieran analizar la información pura y dura por sí mismos, pero para los demás, que son el 99% de los ciudadanos, habrá gráficos y figuras que expliquen los números.

¿Cómo puede Raleigh llegar a ser líder en el mundo en la actitud de publicación de datos abiertos?

Estamos desarrollando nuestro trabajo en base a los desarrollos iniciales de los grupos pioneros de la comunidad favorable a la publicación de datos abiertos y asimilando las lecciones aprendidas. He hablado con la mayoría de los líderes de esa comunidad, con varios grupos de ciudadanos dentro de Raleigh y con la mayoría de los responsables del Gobierno de la ciudad. Y como ya he comentado hemos asumido los protocolos generales y los principios éticos que formula la *OKFN* para la publicación de datos abiertos.

No obstante, vamos a establecer nuestros propios criterios de acuerdo con la cultura de nuestra ciudad. La plataforma *Open Raleigh* será distinta a todas las implementaciones que se hayan hecho en otras ciudades de Norteamérica. Queremos enfatizar los temas del compromiso y de la interactividad de nuestra información. Es importante para mí que los ciudadanos vean la información de forma clara y que realmente les informe. La salud, la cultura, las leyes, la economía, la ciencia y la educación, todos serán temas acerca de los que se facilitarán datos abiertos. Cualquier cosa que afecte a la calidad de vida de nuestros ciudadanos se reflejará en la información que de forma abierta compartamos a través de *Open Raleigh*.

Pero nada se consigue de la noche a la mañana. Hemos empezado por los cimientos y tenemos que construir el edificio. Esto será un proceso iterativo. Pero el responsable del proyecto de publicación de datos abiertos no será el que decida acerca de lo que llegue a ser *Open Raleigh*. Serán los ciudadanos y el Gobierno de la ciudad los que trabajen juntos en su gobernanza. Mi trabajo consiste en facilitar y hacer de esta experiencia algo positivo para nuestros ciudadanos.

6.- *SeeClickFix* en Raleigh: impacto y repersución[28]

Mire, haga clic y arregle los problemas de su ciudad. Es tan fácil como decir uno, dos y tres. *SeeClickFix* fue el primer pro-

---

28 Adaptado de *"Fixing your community one click at a time"*, © 2011 *opensource.com*, publicado bajo una licencia *Creative Commons Attribution-ShareAlike 3.0 Unported*.

grama de colaboración ciudadana que se implementó en Raleigh, y es el medio que tienen sus ciudadanos para comunicar los problemas de la ciudad que no son de emergencia, tales como baches, pintadas en las paredes o desperfectos en las aceras.

Yo he usado muchas veces el sistema *SeeClickFix* para dar parte de problemas usando una aplicación de mi móvil o directamente por la web y debo decir que me ha resultado muy útil pues los problemas que comuniqué se arreglaron adecuadamente.

Alguien familiarizado con los temas informáticos puede imaginarse *SeeClickFix* como una de esas aplicaciones que se usa para comunicar los errores detectados en el funcionamiento de software, pero aplicado a los fallos en la infraestructura de la ciudad.

Vamos a ver cómo en la compañía *SeeClickFix* se cree en el poder de la unión de la tecnología y la ciudadanía a través de una entrevista con Ben Berkowitz, Consejero Delegado y co-fundador de *SeeClickFix*. Después leeremos un artículo sobre el tema escrito por Bonner Gaylord, concejal de Raleigh, y por último comentaremos cómo *SeeClickFix* se implantó en Raleigh.

6.1.- Entrevista con B. Berkowitz, Consejero Delegado y co-fundador de *SeeClickFix*

En la compañía *SeeClickFix* creen en el poder de la tecnología y los ciudadanos, y centran su trabajo en cuatro principios que justamente coinciden con los pilares del código abierto: la transparencia, la colaboración, el carácter escalable, y la eficiencia. La transparencia en la notificación de los problemas conduce a la participación, lo cual en última instancia hace mejor a la comunidad.

Tuve la oportunidad de entrevistarme con Ben Berkowitz con el objetivo final de saber qué pensaba él acerca del papel que desempeñaba *SeeClickFix* en el movimiento por un gobierno abierto y cómo podría ayudar al fortalecimiento de la ciudadanía, pero lógicamente empezamos por el principio.

Díganos, por favor, cómo funciona SeeClickFix.

Cuando un ciudadano detecta un problema en su comunidad, informa a *SeeClickFix* través de nuestra página oficial en la web, a través de nuestra aplicación para móviles, a través de la aplicación *SeeClickFix* incrustada en la web de su Ayuntamiento, en la de un medio de comunicación social, o en la de una asociación.

Una vez que se recibe el parte sobre la anomalía, *SeeClickFix* lo hace público, avisa a los vecinos de la zona y se lo comunica a los responsables de arreglar el problema. Esto se hace a través de un correo electrónico que enviamos a todos los ciudadanos que se hayan dado de alta de forma gratuita para que les avisemos cuando se comunique una anomalía en las áreas de seguimiento en las que esté interesado. Las provincias y las ciudades están divididas por zonas y éstas a su vez en áreas seguimiento.

Los gobiernos municipales reciben notificaciones cuando se dan de alta en nuestros servicios o cuando un ciudadano, en relación con lo que ocurra en el área de seguimiento en la que está interesado y bajo su responsabilidad, nos indica una dirección de correo electrónico oficial a donde quiere que comuniquemos las anomalías que se produzcan.

Los medios de comunicación reciben notificaciones acerca de problemas en sus áreas de influencia cuando ellos se subscriben a *SeeClickFix* para ayudar a difundir las preocupaciones de los ciudadanos dándoles mayor audiencia. También lo comunicamos a las asociaciones y a otros colectivos de ciudadanos para ayudar a que permanezcan conectados con la comunidad y entre ellos.

La solución de los problemas remitidos a *SeeClickFix* se realiza en realidad por cualquiera de los agentes citados, por la colaboración entre algunos de ellos, o entre todos.

¿Cómo conecta SeeClickFix con el concepto de gobierno abierto y el movimiento Gov 2.0?

En el entorno a *SeeClickFix* existe la primera y la mayor

comunidad por un gobierno abierto, con 70 entidades gubernamentales que usan nuestros servicios, 800 medios de comunicación asociados, y miles de grupos comunitarios colaborando con nosotros en seis continentes. Cada día, a través de nuestra página en internet hacemos que cada vez más ciudadanos y gobiernos municipales vayan asumiendo el concepto de "gobierno abierto".

¿Qué es más importante, la transparencia o la participación?

Ambas son igualmente importantes para *SeeClickFix*. La transparencia de nuestra plataforma permite a muchas personas intervenir ya que la información está asequible para todos. Los gobiernos municipales y otras entidades locales trabajan mejor cuando sus actuaciones y decisiones se conocen públicamente, y los ciudadanos que se han tomado el trabajo de comunicar las incidencias, por pequeñas que sean, cuando ven que éstas se resuelven, con seguridad se sienten más comprometidos con su ciudad. Transparencia y participación van de la mano en *SeeClickFix*.

¿Cuál es su papel como asesor de comunidades?

SeeClickFix proporciona los medios informáticos a través del poderoso instrumento que es nuestra plataforma pero realmente el trabajo duro lo desarrollan los grupos de ciudadanos que, con él, construyen y organizan sus comunidades.

Recientemente hemos incorporado a nuestro equipo varios *community managers* para prestar apoyo y asesoramiento a asociaciones y colectivos de ciudadanos que usan nuestro software por todo el mundo.

Los ciudadanos han utilizado *SeeClickFix* para conseguir de todo, desde la limpieza de solares en ruinas, hasta más horquillas para estacionar bicicletas en una determinada zona de la ciudad. *SeeClickFix* incluso ha conseguido que un centro comercial se estableciese en un lugar donde antes no se podía comprar nada.

¿Cómo puede alguien implantar SeeClickFix en su ciudad?

Los ciudadanos pueden empezar por denunciar anomalías y alentar a sus vecinos y amigos a hacer lo mismo. Si un Ayuntamiento no recibe nuestras alertas sobre los problemas notificados en *SeeClickFix*, los ciudadanos pueden hacer que su alcalde, el Gerente de la Ciudad o el responsable del Departamento de Obras Públicas, reciba de manera abierta para todo el mundo, las notificaciones de la anomalías ocurridas en su área, siempre y cuando el ciudadano nos facilite las direcciones de correo electrónico oficiales de los funcionarios o departamentos.

Los ciudadanos pueden compartir sus avisos con otros vecinos y luchar para que los problemas de su comunidad se resuelvan. Usuarios de *SeeClickFix* han mantenido reuniones en sus ayuntamientos para plantear y demostrar los beneficios del uso de nuestra plataforma en sus comunidades. Además, se puede conseguir que los medios de comunicación locales se impliquen, pidiéndoles que incorporen nuestras aplicaciones, e informen de las anomalías de las que se está dando parte en la ciudad, aportando una mayor resonancia a la voz del ciudadano.

6.2.- "Alguien debería arreglar esto", por Bonner Gaylord[29]

¿Cuántas veces nos hemos dicho a nosotros mismos la frase "alguien debería arreglar esto", mientras paseábamos por nuestro barrio y veíamos el letrero descolgado de una calle, una acera rota, un montón de basura, un bache, pintadas en las paredes, o una farola apagada? Pero, ¿qué hicimos a continuación?

Nos pusimos a pensar en cómo solucionar el problema. "OK, no es un asunto federal, ¿tal vez podría llamar al Departamento de Transporte del Estado, o debo llamar al del Condado? No, esto debe ser un problema a resolver por el Ayuntamiento,...creo." Las dudas nos asaltan al considerar los próximos pasos...

- ¿A quién debes llamar concretamente?

---

29 *"They should fix that"* © 2011 Bonner Gaylord.

- ¿Qué probabilidad tienes de dar con la persona adecuada?

- ¿Cuántos mensajes de voz tendrás que intercambiar?

- ¿Cuántos días te llevará lograr el contacto adecuado?

- Una vez que encuentres a la persona adecuada, ¿qué probabilidades hay de que entienda el problema?

- Incluso si te entiende, ¿qué pasará si justo después de la conversación se le derrama el café y se olvida del tema para siempre?

- ¿Qué pasará si cesa en su puesto esa tarde?

- ¿Quién será el responsable de corregir el problema?

Enhorabuena si su preocupación por la comunidad le ha permitido llegar hasta este punto. Pero resulta agotador darle tantas vueltas, así que si usted es como yo, decidirá que simplemente es más fácil convivir con el problema. A continuación toma nota mental para agregar el tema a la lista para cuando llegue el momento de despotricar contra el Gobierno al hacer la declaración de la renta.

¿Sabe una cosa? Usted ya no tiene que ir por ese camino que no lleva a ninguna parte, ahora puede tomar un camino nuevo. Se llama *SeeClickFix* y responde o hace fáciles de resolver todas las cuestiones que se había planteado. *SeeClickFix* le permite hacer de forma anónima la comunicación de una anomalía, la cual a continuación es publicada en una página web para que todos la puedan ver y es comunicada a través de correo electrónico al funcionario correspondiente de su municipio.

No tiene que saber quién es la persona adecuada ni tiene que esperar a que ésta se encuentre en su despacho. No tiene que preocuparse por la claridad con que se recibió su mensaje, ni preocuparse de que se olviden que comunicó la anomalía, ni de quién es la responsabilidad de arreglarla. Usted hace la comunicación y su municipio tiene el compromiso de responder de forma pública y abierta, hacer el seguimiento, responsabilizarse de arreglar la anomalía e informar cuando esté arreglada. Compruébelo. El "alguien debería arreglar esto" es un camino que ha pasado a la historia. Vea usted mismo lo fácil que es.

6.3.- Cómo se implementó *SeeClickFix* en Raleigh

La primera propuesta para implementar *SeeClickFix* sólo generó oposición e indiferencia en el seno del Consejo Municipal de Raleigh, pero luego dicho Consejo decidió por unanimidad implantarlo en la ciudad. De nuevo el concejal Bonner Gaylord fue el adalid por el gobierno abierto, y fue él quién se las arregló para que el sistema *SeeClickFix* se implementara en Raleigh. Como al principio su idea se encontró con resistencia tanto en el Consejo como en los Gerentes del Municipio, para probar cómo funcionaba el programa, el concejal lo implantó en su distrito.

Tras demostrar el éxito, Gaylord consiguió la aprobación del Consejo para implementarlo en toda la ciudad, y negoció un acuerdo con un medio de comunicación local, *WARL.com*, para financiar dicha implementación. *SeeClickFix* fue lanzado por *WRAL* en enero de 2011 y continua mejorando la convivencia de los ciudadanos de Raleigh.

7.- Una plataforma abierta para el futuro

En 2012, el Ayuntamiento de Raleigh dio un paso adelante hacia el gobierno abierto y la publicación de datos abiertos, adoptando una estrategia política que consolidaba la cultura del código abierto existente. Hoy los ciudadanos de esta ciudad pueden visitar la plataforma *Open Raleigh* en la red como punto de partida para acceder a datos abiertos, y a distintas aplicaciones de código abierto que permiten mantenerse implicado.

Ya se han construido las bases tecnológicas para una ciudad de código abierto. El equipo del Departamento de Tecnologías de la Información del Ayuntamiento de Raleigh, ha conectado la plataforma *Open Raleigh* con todos los canales de comunicación del Consistorio.

Las posibilidades de incrementar la calidad de un gobierno abierto nunca han sido mayores que cuando, como en estos momentos, se están combinando estos esfuerzos con la cultura de apoyo y participación que existe entre los ciudadanos de Raleigh.

Capítulo IV: Acciones Complementarias: Apoyar a los Grupos de Usuarios de Software de Código Abierto y la Celebración de Eventos

En el capítulo II hemos hablado de algunos grupos de usuarios de tecnología informática que están ayudando a consolidar la cultura en Raleigh como son *CityCamp Raleigh*, *Triangle Wiki* y *SPARKcon*. Pero también hay otros muchos grupos por toda la región del Triángulo especializados en lenguajes de programación, software de código abierto, comunidades *Open Source* y otras tecnologías vinculadas al desarrollo de aplicaciones para la web y los móviles.

Algunos de estos grupos llevan activos durante años, como por ejemplo *TriLUG*, especializados en *Linux*, *TriDUG*, especialistas en *Drupal*, y *TriJUG*, en *Java*, y otros centrados en el desarrollo de aplicaciones para el sistema operativo *Android*, en redes sociales o en lenguajes como *Ruby on Rails* y *PHP* para el desarrollo páginas web.

Todos estos colectivos son autodidactas y trabajan de forma independiente, unos tienen unas normas más estrictas y otros trabajan de forma más informal, pero todos tienen algo en común, el entusiasmo por hacer algo que les apasiona.

1.- Cuatro formas de apoyar a los grupos de usuarios

En Raleigh, las asociaciones vinculadas al software tienen la suerte de contar con el apoyo de empresas locales y del Ayuntamiento de la ciudad, como seguramente ocurre en otras ciudades del país.

Dado que las necesidades de cada grupo son distintas, hay diferentes maneras en las que las empresas y otras organizaciones les están ayudando. A continuación vamos a hablar de cuatro de ellas que son las más habituales.

1.1.- Facilitarles un lugar donde reunirse

La mayoría de estos colectivos se reúnen una vez a la semana, o al mes, o bien de forma trimestral, pero para poder reunirse necesitan un lugar cuyas características varían para cada uno de ellos.

Los hay que necesitan una sala equipada con un sistema audiovisual, a otros les basta con una mesa y unas sillas, y otros sólo necesitan una mesa en una cafetería o un restaurante con *wifi*.

En función de lo que cada grupo necesite, hay muchas empresas, restaurantes y otras entidades dispuestas a cederles sus locales, incluso con algunos extras, por ejemplo algunos refrescos y aperitivos, y también algunos restaurantes les hacen un precio del menú especial con descuento si son un número suficiente. Las entidades que apoyan a estos grupos se contentan sólo con que vengan a utilizar sus instalaciones.

Éste es el tipo de ayuda que hace que las comunidades cívicas crezcan. Y ahora que ya tienen un espacio para reunirse, necesitan darle contenido a sus reuniones.

1.2.- Proporcionarles ponentes y presentadores para sus eventos

Estos colectivos suelen ser muy buenos preparando el contenido de sus reuniones o encuentros, sin embargo a veces necesitan especialistas que les hablen sobre temas específicos, o cuando desean hacer una "polinización cruzada" de ideas.

En Raleigh es fácil encontrar ponentes para diversos tipos de encuentros o eventos, que estén dispuestos a dedicar su tiempo a estos colectivos y compartir con ellos sus conocimientos. Además todos los colectivos aprovechan los expertos de otros grupos, lo que es una forma de empezar a intercambiar el conocimiento de una forma eficaz.

He asistido a encuentros de *TriDUG* a los que el proveedor local de servicios de *Drupal* envió, para hacer una presentación, a su especialista en posicionamiento en buscadores de internet. Por su parte los expertos de *TriLUG*, en las reuniones mensuales que este colectivo celebra en la sala que le cede *Red Hat* en sus oficinas centrales, mantienen al día a los asistentes sobre las últimas tendencias de *Linux* en temas como la seguridad o nuevas actualizaciones.

Las empresas de la región del Triángulo, además de aportar especialistas de sus propias organizaciones, aprovechan sus relaciones con otras empresas del país para que les manden especialistas que hagan presentaciones sobre diversos temas a los grupos locales.

Cuando expertos en algún tema visitan alguna empresa local por motivos profesionales, ésta con frecuencia los pone en contacto con los grupos de usuarios de la ciudad y, tras terminar la jornada laboral, estos especialistas se reúnen con ellos y les hacen presentaciones sobre temas de su especialidad.

Por otra parte, en Raleigh concretamente es muy fácil encontrar ponentes para una gran variedad de temas debido a que está muy cerca de tres universidades de talla internacional. La Universidad del Estado de Carolina del Norte está en Raleigh, la Universidad de Carolina del Norte está en Chapel Hill y la Universidad de Duke también está muy cerca, dentro de la región del Triángulo. Con tantos profesores y doctores es fácil de entender que no es difícil encontrar un experto sobre cualquier tema que se necesite.

1.3.- Dar publicidad a sus actividades y eventos

Los especialistas en marketing y los profesionales de los medios de comunicación en Raleigh y en la región del Triángulo colaboran de forma importante con las asociaciones cívicas dando publicidad a todas sus actividades y eventos. El apoyo de los medios de comunicación ha dado un gran empujón a la divulgación de las actividades de estos grupos, pero el auténtico acelerón se produce cuando las diferentes entidades, incluyendo los medios locales, colaboran para promocionar los diferentes eventos y encuentros que tienen lugar en la zona.

Las fechas de la celebración de los mismos se publican en las listas de acontecimientos que tendrán lugar en la ciudad, que semanalmente se actualizan en la web. Se hacen eco de ellos los medios de comunicación locales y se publican artículos y blogs escritos por periodistas y *blogers* de la zona, antes y después de los eventos.

Con las crónicas de lo que ocurrió en ellos, es como se va construyendo la historia completa de la cultura de código abierto de Raleigh.

Por otra parte, es normal que estas asociaciones se apoyen unas a otras. Los organizadores de asociaciones con mayor experiencia e importancia, invitan a otros grupos más pequeños para que intervengan y se promocionen en sus eventos. Este tipo de colaboración interna es una de las cosas que más fortalece a las comunidades cívicas.

Incluso esa colaboración se extiende fuera de los límites de las propias asociaciones. El movimiento en apoyo de los negocios locales comprando sus productos ya no sólo se limita a las pequeñas empresas y la agricultura local. También se ha convertido en una costumbre en muchas ciudades y pueblos del país apoyar a los colectivos informáticos locales. De hecho se podría argumentar que la tendencia al apoyo local tiene sus raíces en las comunidades vinculadas al uso software de código abierto. Y ya que las empresas locales les han apoyado tanto, es fácil entender que, de forma recíproca, estos grupos estén apoyando con sus medios a los comerciantes y empresas locales.

1.4.- Ayudarles a conseguir financiación de patrocinadores

La suerte de Raleigh es contar con muchas empresas importantes del sector informático y de otros sectores ubicadas en la zona, las cuales apoyan a muchos de los grupos referidos ayudándoles también a celebrar sus eventos.

Conseguir dinero no es fácil, pero cuando los eventos cumplen con la filosofía del código abierto y alcanzan los objetivos planteados por las organizaciones locales, el número de patrocinadores aumenta.

Cuando se organizó *CityCamp Raleigh*, el Comité de Planificación expuso a los patrocinadores las oportunidades que había y lograron financiación para celebrar el evento durante dos años seguidos, de forma austera pero con éxito. Se alcanzaron en un porcentaje razonable las perspectivas y los patrocinadores vieron que los objetivos se habían cumplido.

Un nuevo movimiento llamado *Innovation Raleigh,* que comenzó en 2012 y del que hablaremos en profundidad en el Capítulo V, está intentando aglutinar las inquietudes existentes en Raleigh sobre los temas de innovación. Ya cuenta con varias entidades colaboradoras pertenecientes al mundo empresarial, al de las instituciones educativas y a otros sectores que rápidamente se han incorporado al entorno del proyecto. Como consecuencia tuvo un soporte financiero procedente de estas entidades que le permitió celebrar un evento sobre innovación donde reunieron a 125 personas, tanto representantes de asociaciones como empresarios, durante la media jornada que duró la Cumbre de la Innovación.

2.- Algunos eventos que se celebran en Raleigh.

2.1.- Un tema de prestigo: El congreso sobre tecnología informática de código abierto

Raleigh no tiene un evento de prestigio como por ejemplo Portland, Oregón, que cuenta con el *OSCON* (*Open Source*

Convention), y por ello nuestra comunidad está deseando poder celebrar uno que haga honor a nuestra cultura de código abierto, o, como alternativa, dar más relevancia a uno de los eventos que ya se están celebrando en la ciudad. Un centro de convenciones como el de Raleigh, con más de 2.800 m^2 y 20 salas de reuniones, es más que suficiente para celebrar una conferencia anual de alto nivel sobre tecnología informática de código abierto.

Raleigh celebró la Conferencia Internacional *WWW2010* (organizada por el *World Wide Web Consortium, W3C*) en abril de 2010 que reunió a líderes mundiales en software de código abierto, en protocolos de comunicación abiertos y en gobiernos abiertos.

La sesión inaugural de la *WWW2010* fue una sesión plenaria sobre "El Gobierno Abierto y la *World Wide Web*" en la que se expusieron opiniones desde ambos lados del Atlántico acerca de cómo hacer la información más abierta y accesible usando la web (*data.gov* y *data.gov.uk*). Los ponentes fueron: Sir Tim Berners-Lee, el inventor de la *World Wide Web*; David Ferriero, Archivero de los Estados Unidos; James Hendler, Profesor del Instituto Politécnico de Rensselaer, que actuó de moderador; Paul Jones, Consejero de *iBiblio.org* y Profesor de la Universidad de Carolina del Norte; Andrew MacLaughlin, Adjunto al Director de Tecnología en la Oficina Ejecutiva del Presidente de los Estados Unidos; y Nigel

Shadbolt, Consejero de *Web Science Trust* y de *Web Fundation*, y Profesor de la Universidad de Southampton.

Cuando se mira la lista de empresas patrocinadoras del evento del *W3C*, se encuentran a todos los gigantes de la informática relacionados con la web que lógicamente uno esperaba que estuvieran, pero si se mira con detenimiento dicha lista, también se pueden ver empresas de la ciudad que apoyaron y respaldaron económicamente la Conferencia *WWW2010*, tales como *Lulu.com*, *iContact*, *LocalTechWire*, *WRAL*, *Raleigh Economic Development* y *Red Hat*, entre otras. Este tipo de apoyo de las empresas locales será lo que haga que en Raleigh se sigan celebrando con éxito muchos más eventos de este tipo.

2.2.- El método del código abierto de la Ferias *FOSS*

El Departamento de Tecnología de la Información de la Universidad del Estado de Carolina del Norte (*North Caroline State University, NCSU*) en colaboración con *Red Hat*, creó la asociación *NCSU Open Source Initiative*. Desde el 2009, como parte de su apoyo a las comunidades vinculadas al uso de software de código abierto, el Estado de Carolina del Norte celebra un evento dedicado al código abierto llamado Feria *FOSS*, es decir, Feria del Software Libre y de Código Abierto.

En el mundo del código abierto nos referimos al conjunto del software libre y del software de código abierto como FOSS (*Free Open Source Software*)

La Feria *FOSS* es un evento al estilo de los congresos abiertos, similar al *BarCamp*. Se pueden imaginar estas ferias como un *BarCamp* especializado en código abierto. La ponencias las coordinan y desarrollan los propios participantes y puede ser expuesto cualquier tema relacionado con el software libre y código abierto.

Estos eventos congregan a los partidarios de este tipo de software en un ambiente muy informal, y donde todos los participantes comparten sus conocimientos y su entusiasmo.

Asistí a mi primera Feria *FOSS* en 2012 y he vuelto a hacerlo en febrero de 2013. En esta segunda ocasión fui más preparado y además no sólo dispuesto a aprender, sino también a compartir mis conocimientos, mis experiencias y sobre todo mi entusiasmo, para lo cual preparé tres ponencias sobre temas no informáticos. Hay que recordar que los asistentes son quienes eligen las ponencias que van a ser expuestas, en consecuencia yo iba con la mentalidad de que era perfectamente normal que mis ponencias no fueran seleccionadas.

Para mi sorpresa las tres fueron programadas para ser expuestas en el día que duró la Feria, y a las tres acudió bastante gente. Mis ponencias versaban sobre: "La Ruta hacia la Ciudad de Código Abierto", "10 formas de iniciarse en el Código Abierto [sin escribir ningún programa]" y "Creación de una Comunidad *online* al estilo del Código Abierto". La tres ponencias están disponibles en la *wiki* de la Feria FOSS.

Ferias como ésta, que empiezan a pequeña escala y van creciendo de forma regular, son las que contribuyen al sostenimiento de la cultura del código abierto de Raleigh. No hay ninguna razón para que eventos como la Feria *FOSS* no crezca hasta convertirse en un componente emblemático de la marca "ciudad de código abierto" de Raleigh.

2.3.- *Maker Faire* y el movimiento *DIY*

En el año 2009, el movimiento *DIY* (*Do It Yourself,* Hazlo Tu Mismo) en Raleigh dio un paso adelante cuando empezó a aglutinar a los aficionados que se denominan así mismos "inventores" ("*makers*"). Aunque esta afición es general en todo el país, el movimiento *Maker* comenzó a tomar cuerpo en Carolina del Norte con su primer encuentro a nivel del Estado.

Me gustaría ir más lejos y decir que los *makers* son aficionados a las manualidades (*DIYers)* con espíritu empresarial y que son una pieza clave en la innovación americana, y la cultura de Raleigh sintoniza profundamente con este movimiento. Tanto como para poner en marcha su propia feria de muestras *Maker Faire North Carolina.*

En la página web *MakerFaire.com,* se dice que muchos

inventores son "aficionados, entusiastas o estudiantes (¡amateurs!), pero también son una fuente de innovación al crear nuevos productos y generar valor añadido para sus comunidades. Varios de estos artesanos-inventores se han convertido en emprendedores creando sus propias empresas."

Maker Faire es una feria de muestras que se desarrolla en un ambiente amigable, casi familiar, y donde se expone la inventiva, la creatividad y el ingenio. Un "enseña y cuenta", si se me permite llamarlo así, donde imperan los principios del código abierto, esto es, la disposición a compartir, la transparencia y la colaboración.

Los eventos *Maker Faire*, a los que asisten miles de personas, se celebran a nivel local, nacional y también por todo el mundo, organizados de forma independiente y bajo la licencia de *O'Reilly Media*, como el ya mencionado *Maker Faire North Carolina*. De nuevo, esto es similar a los *TEDx, Ignite* y *CityCamp*, que permiten a los propios participantes organizar una comunidad local de entusiastas bajo la cobertura de una "marca" reconocida.

Concebido como un evento de carácter anual en octubre de 2009, *Maker Faire North Carolina* se celebró por primera vez en abril de 2010. La asistencia ha aumentado desde las 2.000 personas del primer año hasta las 4.000 del 2012.

"El código abierto es, en realidad, nuestro modelo y lo

vemos más como un sentimiento que como una serie de normas. Muchas personas necesitan compartir, comportarse de forma abierta y colaborar para mejorar. *Maker Faire North Carolina* proporciona a estas personas una forma de colaboración en el mundo que les rodea", dice Jon Danforth, fundador del evento.

Los movimientos *DIY* y *Maker* son un ejemplo de cómo personas con mentalidad parecida se unen para compartir su pasión y organizan asociaciones donde practicar sus aficiones. Los aficionados que formaban el movimiento *Maker* encontraron una forma de compartir de forma colectiva su pasión haciendo uso de de los principios del código abierto para crear un evento anual en la capital de Carolina del Norte.

3.- Una agenda *online* de recursos disponibles para los grupos de usuarios de software de código abierto

Merecería la pena profundizar en la idea de aprovechar la experiencia de los grupos de usuarios, y buscar un medio que les permitiera dar un paso hacia adelante a la hora de planificar sus actividades.

Existe la posibilidad de ser los primeros en crear, con software de código abierto, una agenda de recursos disponibles colgada en la web, para las asociaciones y colectivos de ciudadanos. ¿Qué quiero decir con esto?, permitan que me explique.

Al haber sido coordinador de asociaciones y colectivos, sé que siempre andábamos buscando un lugar para reunirnos, o una persona que diera una ponencia. Sería fantástico tener esa agenda donde se almacenara todo lo que los coordinadores sabemos.

En ella primero podríamos consultar un calendario *online* que nos permitiera elegir una fecha que no entrara en conflicto con otras asociaciones o que no coincidiera con un evento más importante que atrajera al mismo tipo de público.

A continuación buscaríamos un sitio donde reunirnos. Esta agenda sería similar al libro de reservas de un hotel. Tendría una lista de locales disponibles para su uso, incluyendo sus características, y los coordinadores de las asociaciones sólo tendrían que introducir sus necesidades tales como número de asistentes, si necesitan equipamiento audiovisual, si precisan salas privadas o espacios públicos, *wifi*, aperitivos y bebidas, etc., para que el programa les indicara los locales más adecuados en cada caso.

Una vez encontrada la fecha y el lugar idóneo, el siguiente paso sería buscar el ponente o los ponentes necesarios. Los coordinadores podrían tener acceso a una lista con las personas que hayan intervenido en otras ocasiones, y con otras nuevas, clasificadas por temas y disponibilidad. ¿Ven a dónde quiero llegar?

Esta agenda de recursos disponibles, sería un instrumento fundamental para las asociaciones locales. La página o plataforma debería estar realizada con software de código abierto de manera que cualquiera pudiera ampliarla y mejorarla, y podría estar ubicada en algún *website*, como por ejemplo *meetup.com*, si tuvieran disponibilidad para alojar y administrar un proyecto de código abierto de esta envergadura.

Si se quiere que esta agenda tenga éxito insisto en que debería ser construida en base a software de código abierto porque sería la mejor forma de que pudiera ser reutilizada por parte de otras ciudades.

La verdadera importancia estriba en que la información sería introducida por todas las asociaciones, y debería ser tan fácil de hacer como en una página *wiki*. Dicho trabajo lo harían los coordinadores de las asociaciones, las empresas y entidades locales que cuenten con espacios de encuentro disponibles y los ponentes que deseen compartir sus conocimientos con los demás a través de las asociaciones.

Una agenda de recursos disponibles como ésta sería algo revolucionario para las asociaciones.

4.- Ser líder del código abierto

Es evidente que parte del éxito de los grupos y de las asociaciones de Raleigh, sobre todo las de carácter informático, se ha debido al apoyo recibido de la comunidad local que les han facilitado espacios para reunirse, ponentes, promoción y recursos económicos.

Para hacer más eficaces esos apoyos, las asociaciones y colectivos de Raleigh deberían ponerse de acuerdo para crear un instrumento fundamental como la innovadora agenda *online* de recursos disponibles. Aunque se podría usar en todo el mundo, siempre se reconocerían sus orígenes en la creatividad y la innovación de Raleigh. Innovaciones como esa ayudarían a que Raleigh fuese líder en materia de código abierto.

Mientras Raleigh sigue intentado llevar a cabo una conferencia anual de alto nivel sobre tecnología de código abierto, en la ciudad ya se celebran numerosos eventos organizados por las asociaciones y colectivos de ciudadanos.

SPARKcon, fundado en 2006, es el evento de código abierto más importante de Raleigh. Son cuatro días de una creatividad impresionante inspirada en el espíritu *Do It Yourself*. *SPARKcon* es un torrente constante de ideas innovadoras que surgen de una comunidad con talento.

Otro tipo de eventos en Raleigh se suman a la lista. La Feria *FOSS*, que empezó en 2009, la *Maker Faire North Carolina*, que lo hizo en 2010, y *CityCamp Raleigh* que entró en escena en 2011.

De forma individual estos eventos se dedican respectivamente a dar salida a la creatividad, al software libre y de código abierto, y al movimiento por un gobierno abierto, pero de forma conjunta agrupan a colectividades de gente entusiasta que contribuyen a consolidar la imagen de la "marca de código abierto" de la ciudad de Raleigh.

Capítulo V: Un Núcleo de Innovación Impulsado por el Código Abierto

La creación de puestos de trabajo y el fomento de la innovación es otra seña de identidad de la marca "ciudad de código abierto", por eso encontrar formas nuevas de dar impulso al colectivo de emprendedores y apoyar las agrupaciones de empresas existentes utilizando los principios del código abierto puede aportar ventajas competitivas a cualquier ciudad.

En este capítulo, y en primer lugar, conoceremos las ideas de James Sauls, responsable de *Raleigh Economic Development*, sobre cómo el código abierto puede influir en el futuro en Raleigh a través de la formación de *clusters* o conglomerados de empresas tecnológicas y de software, aunque, curiosamente, el método del código abierto suponga una controversia con el modelo tradicional de desarrollo económico.

A continuación insertaremos la entrevista que mantuve con David Diaz, Consejero Delegado de la *Downtown Raleigh Alliance*, sobre el planteamiento básico para el desarrollo económico de la zona de negocios de la ciudad de Raleigh. La *Downtown Raleigh Alliance* ha asumido el liderazgo en aunar los esfuerzos de los comerciantes, las empresas, las entidades financieras y la ciudadanía, para trabajar con el gobierno municipal en el desarrollo de dicha zona de negocios de la ciudad. Y se crea o no, los principios del código abierto, tales como la transparencia y la colaboración, son piezas claves en su estrategia.

Por otra parte, hay una serie de trabajos en marcha para convertir a Raleigh en una ciudad innovadora. Al haber estado involucrado en algunos de ellos, puedo decir que nuestra ciudad está en condiciones idóneas para conseguir ese objetivo. Todavía faltan algunos hitos importantes, aunque realmente estamos muy cerca de alcanzarlos. En este sentido hay una iniciativa, *Innovate Raleigh*, de la que hablaremos después, cuando comentemos algunas ideas que hay detrás de ese proyecto, que identifica a Raleigh como una ciudad innovadora, y expliquemos como el código abierto forma parte de ello.

También hablaremos de los esfuerzos que el Estado de Carolina del Norte, junto con el Ayuntamiento de la ciudad y otras entidades, está realizando para apoyar a la comunidad emprendedora. Y por último, veremos algunas empresas de gran éxito vinculadas al software de código abierto y asentadas en Raleigh que están creando un núcleo alrededor del este tipo de software dentro de la comunidad empresarial.

1.- Código abierto y el desarrollo económico. Entrevista con James Sauls, Director de *Raleigh Economic Development*.

Hasta ahora, siempre había pensado instintivamente que el método del código abierto proporcionaba ventajas competitivas a cualquier ciudad donde una empresa centrada en este tipo de software tuviera una fuerte presencia. Pero debido a que llevo en Raleigh más de quince años y, de ellos, diez trabajando para *Red Hat*, mi opinión podía estar un poco condicionada por el entorno.

Por eso, fue revelador hablar con James Sauls, Director de *Raleigh Economic Development*, un programa impulsado por la Cámara de Comercio para ayudar a la ciudad a planear su estrategia de desarrollo económico. Me di cuenta que los principios del código abierto suponen un auténtico reto para desarrollar un conglomerado empresarial válido en torno a ellos. Veamos lo que Sauls tenía que decirnos al respecto.

¿Qué significa el código abierto para Raleigh Economic Development?

Al principio sólo sabíamos que era algo relacionado con el software y que una de las compañías más importantes de la ciudad, *Red Hat*, se dedicaba al desarrollo de software de código abierto, es decir con código fuente abierto. Pero conforme fuimos teniendo más relaciones con ellos, nos dimos cuenta que código abierto no sólo es software sino mucho más. Se trataba de una cultura, algo que podía servir de guía y de modelo para las personas, los colectivos sociales y las empresas.

¿Cuál es el objetivo de Raleigh Economic Development como organización?

Raleigh Economic Development es un programa de la Cámara de Comercio de Raleigh que está financiado por el Ayuntamiento y por otras entidades privadas a través del programa *Competitive EDGE*. Nuestra labor es hacer gestiones comerciales para atraer empresas que se instalen en Raleigh y consolidar las que ya están aquí. El objetivo fundamental es potenciar las distintas iniciativas que existen en la ciudad para, por una parte, crear puestos de trabajo y por otra, incrementar el volumen de negocio de las existentes, con lo que se incrementará la base impositiva para la generación de impuestos para la ciudad.

¿Qué papel juega Raleigh Economic Development a la hora de atraer empresas y personas de talento a Raleigh?

Raleigh Economic Development es el instrumento más importante que tiene la ciudad para la captación de empresas. La estrategia que usamos es la captación basada en la sinergia de los conglomerados de empresas ya existentes en Raleigh. Estos conglomerados de empresas se centran en el software y tecnologías de la información, ciencias de la naturaleza, dispositivos médicos, tecnologías de defensa y tecnologías limpias.

Nuestro personal viaja a los eventos estratégicos donde se reúnen con empresas, con consultores especializados en localizaciones para empresas, y concretan programas de visitas, empresa por empresa, para invitarlas a que se instalen aquí.

¿Podría el código abierto servir de aglutinante de empresas

tecnológicas en Raleigh?

Sí, pero el reto para nosotros está en entender en profundidad el método del código abierto para poder introducirlo sin que entre en conflicto con la forma habitual en la que veníamos trabajando.

Hasta ahora nosotros identificábamos un conjunto de empresas de un determinado sector X que tenían unas sinergias entre sí, lo que llamamos *cluster* o racimo de empresas, que trabajaban con el modelo del código abierto, y que ofrecían una serie de ventajas para que otras empresas entrasen también a formar parte del *cluster*. Esas ventajas las publicitábamos a fin de que nuevas empresas se unieran al racimo instalándose en Raleigh, y reclamábamos el calificativo de "ciudad idónea para el sector X".

Sin embargo, el método del código abierto nos plantea un desafío. No se trata de promocionar de forma independiente unos sectores concretos de actividad que trabajan de acuerdo con el modelo del código abierto, sino de buscar las sinergias entre todos y promocionar el conjunto de todos los sectores de forma integrada, incluso intrínsecamente con la propia ciudad como "ciudad de código abierto", lo cual es bastante distinto a lo que se veníamos haciendo hasta ahora.

Por otra parte, el código abierto viene muy bien para el sector tecnológico de Raleigh ya que en él ya tenemos varios *clusters* que se pueden agrupar.

Es una filosofía que la ciudad ha adoptado y que está empleado en muchas de sus propias actividades.

¿Qué ventajas tiene ser una ciudad de código abierto desde el punto de vista del desarrollo económico?

Ciertamente añade una señal de identidad a Raleigh que es consistente con la dirección que está tomando la mentalidad de sus ciudadanos. Una ciudad que puede promocionarse a sí misma como una comunidad abierta tiene una ventaja competitiva a la hora de atraer empresas y personas con talento. El talento del mañana está buscando ciudades que posean una cultura abierta. Y Raleigh, definitivamente, está en ese camino.

2.- El código abierto promociona el futuro de la zona de negocios de Raleigh[30]

¿Se puede revitalizar una zona de una ciudad e incrementar su actividad económica utilizando los principios del código abierto? David Diaz, Presidente y Director Ejecutivo de *Downtown Raleigh Alliance*, cree que sí. Tuve la oportunidad de sentarme con él para que me comentara cómo las entidades para el desarrollo económico están interactuando con sus gobiernos locales y estatales, con los ciudadanos, y con las empresas y propietarios de inmuebles, a fin de lograr ese ob-

---

30 Adaptado de "*Open source develops the future of downtown Raleigh*", © 2011 *opensource.com*, publicado bajo licencia *Creative Commons Attribution-ShareAlike 3.0 Unported*.

jetivo, y cómo su organización aplica en sus programas de desarrollo económico los principios de transparencia, de participación y disposición a compartir.

Veamos cómo se aplica el método del código abierto al desarrollo económico, cómo trabaja su organización con el gobierno local y qué programas está implementando *Downtown Raleigh Alliance.*

¿Qué es Downtown Raleigh Alliance, cuál es su misión?

Downtown Raleigh Alliance se creó en 1996 como una alianza entre agentes inmobiliarios, comerciantes, el Ayuntamiento, ciudadanos que desean vivir en la zona de negocios de la ciudad, y personas que han invertido en la misma. En este país todo el mundo sabe que un sector por sí solo no puede revitalizar la zona de negocios de una ciudad. Muchos gobiernos municipales han tratado de llevar esa promoción por su propia cuenta, y se han encontrado con propietarios despreocupados, con otros que quieren que se hagan más cosas, con una comunidad empresarial activa y solidaria pero centrada en sus negocios, y con funcionarios de los propios ayuntamientos que no tenían interés alguno.

Reunimos a los grupos mencionados con una idea básica compartida por todos: que cada uno aportara sus mejores recursos para conseguir el objetivo común. En el día a día, nos centramos en la prestación de servicios que van más allá de lo que el Ayuntamiento quiere o puede suministrar, o en solucionar temas concretos que ellos no son capaces o no quieren solucionar. Tenemos cuatro programas para cubrir estas carencias:

- Programa Asistentes

- Programa de Desarrollo Económico

- Programa de Posicionamiento de Marca

- Programa de Gestión de los Espacios Públicos.

También jugamos un papel importante como mediadores. Tenemos una estrecha relación con el Ayuntamiento de la ciudad y hacemos lo mejor que podemos para mediar en todas las controversias. A pesar de que también somos lealmente críticos con ellos, el Ayuntamiento a menudo acepta nuestras propuestas. Por un lado tenemos que convencer a los dueños de los comercios y de las empresas de que no podemos dejar al gobierno municipal a los pies de los caballos y por el otro debemos disuadir a éste de tomar determinadas decisiones que pueden perjudicar a nuestra zona. Siempre estamos equilibrando los intereses de todos por el bien general del distrito.

¿Cómo trabaja Downtown Raleigh Alliance con el Gobierno Local y con el del Estado?

En nuestro Consejo de Administración hay una representación gubernamental compuesta por gerentes tanto del Municipio como del Condado, y dos representantes de Gobierno del Estado. Esto último no es normal en entidades como la nuestra, pero no hay que olvidar que Raleigh es también la capital del Estado de Carolina del Norte. Todos estos consejeros se sientan en la Mesa del Consejo y nos aportan sus ideas.

Por otra parte, somos proveedores de servicios del Ayuntamiento. Tenemos un contrato con el Departamento de Obras Públicas para prestar el servicio de vigilancia con nuestros de asistentes, patrullando los zonas de estacionamiento. La ciudad necesita ojos y oídos en los estacionamientos de toda la zona de negocios y nuestros asistentes están capacitados para ofrecer este tipo de servicio.

También trabajamos con el Gobierno Municipal colaborando con el Departamento de Planificación de la ciudad para el desarrollo urbanístico del distrito a medio y largo plazo. Además, desde 2003 participamos en los programas *Livable Streets* (Calles Habitables) que ya tienen, en su conjunto, unos diez años de vida.

El proceso de planificación de *Livable Streets* para esta zona se hizo de forma absolutamente abierta al público. Se constituyó un grupo de trabajo con los ciudadanos para que ayudaran a establecer las líneas maestras de los programas. En dicho grupo había personas interesadas en temas de circulación, otras en la red de transporte, y otras en cómo hacer nuestra Zona de Negocios más agradable para el peatón.

Queremos que la gente que vive fuera del casco urbano de Raleigh valore la zona de negocios de la ciudad y que la vea también como suya. Raleigh tiene potencial para ser la zona de negocios del Estado de Carolina del Norte.

El método del código abierto es la manera con la que podemos animar a los gerentes y a los propietarios de la empresas de la zona de negocios de Raleigh a hacer que ésta se adapte mejor a las necesidades de todos y tenga más éxito.

¿Qué importancia tiene el código abierto a la hora de trabajar en el desarrollo económico local?

Su importancia es enorme porque uno de los problemas más importantes que tenemos para atraer empresas y que se instalen en la zona de negocios de Raleigh, es la falta de buena información. Mientras más veraces y transparentes seamos a la hora de mostrar nuestras posibilidades y nuestro interés en que vengan nuevas empresas, más éxito tendremos. Si ocultamos información, al final todo termina sabiéndose.

Por ejemplo, existe la idea de que las zonas urbanas son más peligrosas, y nuestros datos demuestran lo contrario. Siempre estamos tratando de publicar más y más información sobre nuestra zona de negocios. Recopilamos datos de referencia, tales como el número de residentes y las empresas establecidas en ella, pero también informamos sobre el número de cafés con terrazas para comer al aire libre. Creo que esto nos hace distintos.

En el esfuerzo porque la zona de negocios tenga su propia seña de identidad, el método del código abierto ha sido fundamental. Diversos colectivos colaboraron con nosotros en darle forma a la marca *You R Here* (Tú estás aquí), y también hemos puesto en práctica el principio de participación entrevistando a gran cantidad de personas preocupadas por nuestra zona, incluidos concejales, propietarios de locales, y partidarios de ella, pero a su vez hemos hablado con otros que no lo eran tanto. A todos siempre les preguntamos: "¿qué necesitamos" y "¿qué es lo más importante?".

Las personas que estaban a favor no podían contener su entusiasmo y no nos aportaban nada que ya no supiéramos. En cambio, las que eran más reacias o estaban menos interesadas en el desarrollo de la zona fueron las que nos plantearon cuestiones más interesantes. Estas entrevistas fueron vitales. Si sólo te involucras con los partidarios, difícilmente podrás tener una perspectiva amplia. La participación de todos es la mejor fuente de información.

3.- Conectando entre sí los elementos claves: código abierto, *gobernanza* y desarrollo económico en la zona de negocios de Raleigh[31]

En el apartado anterior hemos hablado acerca de cómo el có-

---

31 Adaptado de *"Connecting the dots: Open source, government, and economic development"*, © 2011 *opensource.com*, publicado bajo licencia *Creative Commons Attribution-ShareAlike 3.0 Unported*.

digo abierto se pueden aplicar al desarrollo económico, de cómo la organización *Downtown Raleigh Alliance* colabora con el Gobierno Municipal, y de los distintos programas que han implantado.

Ahora David Diaz nos habla de cómo ha calado esa filosofía en las personas influyentes de la ciudad, y de cómo han explicado a los responsables del Gobierno Local y del sector empresarial la potencialidad del código abierto.

Después nos contará su experiencia acerca de la participación ciudadana en Raleigh, y de cómo utiliza el método del código abierto en su quehacer diario.

¿Cree usted que la mayoría de las personas influyentes de la ciudad ven el código abierto como algo importante para su desarrollo económico?

Sí. La reacción inicial de la mayoría de las personas es que los que nos dedicamos al desarrollo económico de una zona concreta debemos guardar la información en el cajón del despacho. Es un error, los únicos momentos en que debes hacer eso es cuando se trata de temas relacionados con un cliente determinado o tal vez cuando se trata de un asunto con el Gobierno Local para concretar algo muy especial.

Lo que nos debe preocupar a los agentes de desarrollo económico es que el cliente potencial recoja una información absolutamente exacta de lo que se le está ofreciendo, ya sea sobre posibles ubicaciones o cualquier otra cosa. Es crucial que utilicemos una estrategia abierta de modo que la competencia no pueda usar argumentos negativos sobre nuestras posibilidades sin que nosotros las hayamos puesto de manifiesto antes.

Estamos constantemente hablando de lo que ofrecemos e intercambiando información, y por convicción nos basamos en los principios del del código abierto. La confidencialidad es necesaria en los negocios, pero sólo en una parte muy reducida.

¿Cómo se están explicando las posibilidades del sistema de código abierto a los responsables del Gobierno Municipal y de las empresas?

Consiguiendo resultados positivos tangibles en proyectos realizados con esos principios. El diseño de la remodelación de la *City Plaza*, el lugar público de reunión en la zona de negocios de Raleigh, es un gran ejemplo. Aly Khalifa, de la empresa *Design Box*, no es ni experto en diseños urbanos ni ingeniero pero pudo aportar sus ideas para el diseño de la *City Plaza* porque el Ayuntamiento planteó una estrategia de colaboración abierta a todos los ciudadanos.

No sólo es importante hablar del éxito logrado sino también de cómo se ha desarrollado el proyecto. Si te limitas a decir que hoy transitan por la *City Plaza* más de 100.000 personas al año, la gente nunca sabrá lo importante que ha sido la participación ciudadana en ese resultado. El Gobierno

Municipal tiene que conectar los logros con la metodología abierta empleada, para que así los ciudadanos valoren el procedimiento. Sobre ese tema creo que no estamos haciendo lo suficiente. Tenemos que hablar más del código abierto como procedimiento para la creación de una gran ciudad.

Sin embargo hay algunas cosas que todavía suponen un desafío para nosotros. Por ejemplo ¿cómo usar esquemas de trabajo abiertos para decidir la instalación de un comedor social o un centro de atención a drogodependientes en un vecindario? El Gobierno Municipal sabe que si expone el tema abiertamente, los vecinos se les van a echar encima, algunos con la postura "sí, pero no en mi barrio", e incluso se verán pintadas en contra por las paredes. El reto pendiente para el método del código abierto es encontrar soluciones en los temas conflictivos, cuando hay dos partes enfrentadas, los vecinos y las organizaciones promotoras, como en estos ejemplos.

¿Hay más participación ciudadana en Raleigh que en otros lugares?

Totalmente. Hay una relación inversa entre la participación ciudadana y el nivel técnico del proyecto del que se trate. Esto se hace más evidente conforme el proyecto es más complejo, como el proyecto de una carretera por ejemplo, aunque también varía dependiendo del departamento municipal involucrado. Raleigh es una referencia en lo que respecta a la participación ciudadana. Forma parte de nuestra cultura y la actitud del Gobierno Municipal es en realidad un reflejo del sentimiento de nuestra ciudadanía.

Creo que la participación ciudadana es mayor en Raleigh que en otros sitios. Me quedo impresionado al ver la cantidad de tiempo que los ciudadanos de Raleigh dedican a comprender temas muy técnicos y sofisticados. Muchos ciudadanos cuando están a favor de un asunto lo hacen desde una posición realmente bien informada, bastante más que la de los que están en contra, que se suelen manifestar de forma menos reflexiva.

En este contexto, Raleigh es más bien una comunidad de vecinos que una ciudad que supera los 420.000 residentes. No hay demasiadas ciudades de este tamaño que tengan nuestro nivel de participación ciudadana en su gobierno.

¿Cómo aplica el método del codigo abierto en su quehacer diario?

Aunque no soy un político en el sentido de que no he sido elegido en las urnas, mi posición es bastante pública y con frecuencia tengo que comentar muchas cosas en relación con lo que hago. Trabajo en un ambiente donde debo responder a los medios de comunicación para informar a los ciudadanos, y lo hago de forma absolutamente abierta, sobre lo que está ocurriendo en la zona de negocios de la ciudad y lo que va a ocurrir en ella. En esencia, he decidido responder a todo lo que me pregunten y hacerlo de forma totalmente transparente.

***

Mi opinión acerca de cómo se podría usar el código abierto para establecer estrategias de desarrollo económico ha cambiado. Antes de mi entrevista con David Diaz, nunca me había imaginado lo crucial que es la transparencia en el desarrollo económico. Por otra parte, aunque yo sabía que la ciudadanía de Raleigh es activa y participa con sus comentarios y aportaciones en el crecimiento de su ciudad, resulta agradable ver que alguien, que se dedica a la organización y el desarrollo de una determinada zona urbana, nos confirme la efectividad que esa participación ciudadana tiene y debe seguir teniendo, para definir la dirección y el desarrollo futuro de Raleigh.

4.- La Cumbre de la Innovación

4.1.- Desarrollo de la Cumbre de la Innovación

En enero de 2012, el Ayuntamiento de Raleigh junto con la Cámara de Comercio de Raleigh, el Estado de Carolina del Norte y varias empresas locales, a través de *Innovate Raleigh*, organizaron una Cumbre de la Innovación.

El objetivo era mostrar, durante una jornada en la que estuvieran todos juntos, nuevos caminos a empresarios, comerciantes, responsables de empresas, inversores, miembros del Gobierno de la ciudad y otras personas influyentes.

La metodología del código abierto fue la emplearon los organizadores en la primera Cumbre de la Innovación de Raleigh para alcanzar un consenso entre todos los invitados a participar.

El evento se centró en cuatro temas principales: financiación, establecimiento de acuerdos empresariales, marca de prestigio y espacio para un Centro de la Innovación. La Cumbre empezó con la presentación de dos ponencias que sirvieron para crear el ambiente de la jornada.

El primer ponente fue Tom Murphy, ex-alcalde de Pittsburgh, Pensilvania, quien había revitalizado su ciudad a través de un plan urbanístico. Contó algunas de las cosas que habían hecho con éxito en Pittsburgh pero también describió cómo otras ciudades y regiones de los Estados Unidos y de otras partes del mundo estaban llevando a cabo planes para la innovación.

Murphy habló sobre Silicon Valley, y les dijo a los asistentes que el Parque de Investigación del Triángulo (*Research Triangle Park, RTP*) gozaba de la fama de ser el segundo mejor Parque de Innovación de todo el país, detrás del Silicon Valley. "Pero ustedes han estado viviendo de la fama durante 20 años", comentó. Murphy sugirió que para no perder el prestigio alcanzado, había llegado el momento de renovarse en el escenario global donde nos movemos.

El siguiente ponente fue Mitchell Silver, Director del

Departamento de Planificación del Ayuntamiento de Raleigh que habló sobre las tendencias demográficas y de las perspectivas para la región del Parque de Investigación del Triángulo. Sorprendió a los asistentes rompiendo algunos tópicos al aclarar ciertos errores que se tenían sobre la zona y dando una serie de datos que desmontaban tópicos. Por ejemplo, se tiene la idea de que en el PIT no hay suficientes inversores, cuando la realidad es que hay 125 inversores en 25 empresas de capital riesgo.

Las dos ponencias crearon un buen clima y los asistentes estaban muy animados a participar.

Después de las ponencias se formaron cuatro grupos para debatir los temas que antes mencionamos. Por mi parte, coordiné el grupo dedicado a discutir sobre la "creación de marca". Usé la técnica *design thinking* en un formato de tormenta de ideas que al ser creativo y participativo siempre permite que el grupo obtenga de forma consensuada un conjunto de las mejores propuestas a analizar.

Ninguno de los cuarenta participantes sabían que la metodología del código abierto que se estaba empleando durante la sesión era parte de la lección. Seleccionamos una serie de ideas, las votamos y discutimos sobre las ganadoras.

La sesión duró dos horas, a continuación nos volvimos a dividir en cuatro subgrupos y cada uno de ellos de forma conjunta, es decir como grupo, tenía que hacer propuestas de desarrollo de las ideas que se habían planteado en la sesión previa. Yo tenía curiosidad por ver si coincidían las propuestas que se hacían pero, para mi sorpresa, no fue así. Aunque algunas propuestas fueron comunes hubo una gran variedad.

La técnica *design thinking* nos ayudó a crear un clima de confianza, de ánimo para compartir y colaborar. Esta técnica no sólo fue efectiva para nuestro grupo sino también para los demás, los cuales obtuvieron similares resultados. La transparencia, la apertura y la disposición de compartir las ideas por medio de esta técnica demostró a los asistentes el potencial de usar la metodología del código abierto como forma de trabajo para obtener los mejores resultados.

Al final del día los cuatro grupos iniciales se reunieron y un portavoz hizo un resumen de lo que había ocurrido en cada uno de ellos. Lo mejor de esta Cumbre de la Innovación no fue que nos reunimos y compartimos nuestras ideas sino que el verdadero trabajo iba a continuar una vez que "se apagaran las luces".

Tras la conclusión del evento se redactó un informe acerca de los progresos realizados, el cual se difundió ampliamente. Mensualmente se han venido celebrando encuentros que mantienen un vigor constante y perseveran en resaltar los negocios innovadores y las ideas que están surgiendo en nuestra comunidad. Todo esto se puede ver en el constante flujo de actualizaciones que aparecen en *Twitter* con la etiqueta *#innovateral*.

Me animó mucho ver al Gobierno de mi ciudad formando equipo con las principales instituciones dedicadas a la educación y con las empresas, para organizar y celebrar la Cumbre de la Innovación. El evento no consistió sólo en que una serie de personas se reunieron para generar una serie de ideas y luego irse a casa. Los organizadores establecieron una hoja de ruta y marcaron una serie de objetivos a alcanzar de forma progresiva en el futuro.

La guinda del pastel fue que, al igual que se hizo para organizarla, se usó el método del código abierto durante el desarrollo de la Cumbre y con posterioridad a ella. Eso permitió a los organizadores crear una atmósfera de colaboración en la que todos los asistentes y simpatizantes pudieron seguir compartiendo información sobre los temas surgidos en el evento.

4.2.- Un año después de la Cumbre de la Innovación

La Cumbre de la Innovación fue la primera ficha de dominó que cayó en la hilera, dando un auténtico impulso a todo el trabajo que se había hecho para conseguir que Raleigh fuera una ciudad de la innovación. Fue el comienzo de una reacción en cadena que dio lugar a que los colectivos de emprendedores se unieran al proyecto. La hoja de ruta de los organizadores marcaba una serie de encuentros mensuales, veamos cómo se desarrollaron algunos de esos encuentros y como otras piezas del dominó fueron cayendo después de la

Cumbre.

Sin un "campeón" detrás del escenario, una iniciativa como *Innovate Raleigh* no se hubiese mantenido en el tiempo por sí sola. La concejala Mary-Ann Baldwin ha sido la "campeona" de la *Innovate Raleigh,* invirtiendo una tremenda cantidad de tiempo y esfuerzo para conseguir que la Cumbre diera sus frutos. Primero consiguió atraer a los actores principales para reunirlos y poder celebrar el evento, y después siguió trabajando en la dirección marcada por el Comité de Seguimiento que ha continuado apoyando todas las ideas que se han generado en la *Innovate Raleigh.* Yo soy miembro de dicho Comité en el que puedo asegurar que trabajamos con total transparencia.

4.3.- Los encuentros de *Innovate Raleigh*

Como ya he referido, uno de mis papeles en la Cumbre de la Innovación de Raleigh fue dirigir el grupo que se formó para discutir el tema de la "creación de marca" con la metodología *design thinking,* y también asesoré a James Sauls, Consejero de *Raleigh Economic Development,* y a Derrick Minor, por entonces Consejero de *Downtown Development* dentro de *Downtown Raleigh Alliance,* en la planificación de sus encuentros mensuales.

Durante los trabajos de planificación de la Cumbre me mantuve inflexible acerca de la necesidad de fijar al menos otro encuentro como continuación, para que los asistentes y otras personas interesadas ya lo pudieran introducir en sus agendas. Fue con dos propósitos. Primero se ajustaría a lo establecido en el informe que se publicó después de la Cumbre, y segundo permitiría asistir a un mayor número de personas, que tendrían la oportunidad de informarse mejor de lo que es *Innovate Raleigh*.

El primer encuentro lo mantuvimos en febrero de 2012, un mes después de la Cumbre y tuvo un enorme éxito ya que asistieron más de 100 personas. Hicimos un informe al que dimos gran publicidad, y como era de esperar, la comunidad empresarial empezó a interesarse por el tema.

En marzo de 2012, *Innovate Raleigh,* en colaboración con *Triangle Wiki,* patrocinó el lanzamiento de sitio web *trianglewiki.org,* como parte del segundo encuentro. Otros encuentros dedicados a la moda, al diseño de espacios y a la captación de talentos, tuvieron lugar en abril, mayo y junio respectivamente. El último de ellos tuvo lugar en julio, mostrando los resultados del *CityCamp Raleigh 2012* y en él se incluyó una *demo* del equipo ganador.

Los encuentros formales finalizaron a mitad de año y no porque a los asistentes no les gustaran los temas o los contenidos del trabajo en la red, sino porque el plan establecido había alcanzado su objetivo. Los grupos empezaron a relacionarse por su cuenta y a mantener sus propios encuentros. La misión se había cumplido.

4.4.- Activando las conexiones aéreas

En la lista de reivindicaciones que surgió en la Cumbre de la Innovación, una de las más apoyadas por los asistentes fue la de tener una conexión aérea directa entre el Aeropuerto Internacional de Raleigh-Durham (*RDU*) y el Aeropuerto Internacional de San Francisco (*SFO*). Este deseo se hizo realidad en agosto de 2012 cuando *United Airlines* comenzó a ofrecer vuelos directos desde *RDU* a *SFO*.

Hice vuelo y me ahorré varias horas de viaje. Despegué de San Francisco a las 2:00 pm en el huso horario del Pacífico y llegué a Raleigh poco después de las 10:00 pm en el huso del Este, sin trasbordos ni escalas, simplemente un vuelo rápido de una costa a otra, y más tiempo para estar con mi familia.

Se espera que este vuelo directo no sólo acorte el tiempo de viaje, como fue mi caso, sino que también incremente las conexiones entre los emprendedores y los inversores y que al unir Raleigh con San Francisco, el mayor punto de conexión de la Costa Oeste, nos permita desarrollar oportunidades en el mercado asiático.

Algunos miembros del Comité de Seguimiento de *Innovation Raleigh* han jugado un importante papel detrás del escenario para que esta conexión aérea se pusiera en servicio, coordinando los estudios de mercado con las empresas locales y con las autoridades de aeropuerto acerca del número de vuelos y los horarios más idóneos. El resultado final ha sido algo que beneficia a todos.

4.5.- Un escaparate para la innovación

Otra de las reivindicaciones que surgieron en la Cumbre de la Innovación fue la de tener un escaparate físico donde mostrar lo que en innovación estaba ocurriendo en Raleigh, un sitio para que la gente creativa participe y colabore. Puesto que hasta el momento Raleigh no cuenta con un centro al que puedan acudir ese tipo de personas, hemos visto cómo en los últimos dos años se han abierto locales para servir de incubadoras de empresas y otros donde se comparten espacio y servicios para trabajar.

Una incubadora para empresas del sector de la moda llamada *Raleigh Emerging Designers Innovation Incubator* (*REDii*) abrió en mayo de 2012.

HUB Raleigh, un espacio común de trabajo (*co-working space*) para emprendedores, que promueve su propia red global de trabajo, abrió sus puertas en septiembre de 2012.

DesignBox, un espacio común de trabajo para profesionales creativos independientes, y que ayudó a crear *SPARKcon*, lleva abierto desde 2003.

Hay otros como *Raleigh Forum* y *Wilmoore Lofts*, y por último los más nuevos del 2012, *LocalSense HQ* y *Raleigh Foundry* que abrieron en julio y agosto respectivamente.

Si nos comparamos con otras ciudades como Denver, Colorado, Raleigh tiene todavía la oportunidad de aumentar su peso empresarial y la creación de nuevas empresas. Pero los recursos, los empresarios, y los inversores están repartidos por toda la ciudad y falta un punto de concentración. La idea que está detrás de tener un Centro de Innovación en la ciudad es disponer de un núcleo central donde puedan interrelacionar los distintos actores de la comunidad innovadora.

Mientras que el Comité de Seguimiento de *Innovation Raleigh* todavía sigue dándole vueltas a la idea de tener un escaparate de la innovación, el Consejo para el Desarrollo Empresarial (CDE) y el Estado de Carolina del Norte se han comprometido a crear dicho escaparate pero en la web. Este recurso digital podrá servir de guía a los innovadores, a los emprendedores, a los inversores y a los propietarios de las pequeñas empresas situados en la región del Triángulo. El CDE contrató a una persona en otoño de 2012 para dedicarlo a este proyecto y, por lo que tenemos entendido, hay un gran interés en que este recurso se desarrolle usando software y metodología de código abierto.

5.- El Estado de Carolina del Norte, motor de la innovación

¿Quiénes, además de las iniciativas gubernamentales, están cubriendo la necesidad de más espacios para las incubadoras de empresas y el co-trabajo, y cómo se relaciona esto con el código abierto? La respuesta son las universidades y las escuelas superiores de la región. En primer lugar, la Universidad del Estado de Carolina del Norte tiene una serie de programas de apoyo a la comunidad empresarial que están alimentando el motor del desarrollo económico en Raleigh.

El programa *Entrepreneurship Iniciative* (Iniciativa por el Emprendimiento) del Estado de Carolina del Norte está enfocada en la participación multidisciplinar de las facultades, el rectorado, la industria y los estudiantes, para crear un entorno que permita a los innovadores vivir la experiencia empresarial de forma total. Una de las formas de conseguirlo es con un espacio de encuentro para la innovación denominado *The Garage* (El Garage).

En *The Garage* los estudiantes tienen un lugar donde madurar sus ideas y trabajar en sus proyectos de emprendimiento empresarial. Las instalaciones de la Fase I se diseñaron como una prueba de la idea con 180 m^2 incluyendo salas de reuniones, zona de descanso, área de laboratorio básico, un taller y un área de prototipos. La Universidad está estudiando construir unas instalaciones de 2.000 m^2 para la Fase II de *The Garage* que será el núcleo central de la Villa de los Emprendedores en el *Centennial Campus*, un lugar diseñado bajo los conceptos de innovación y espíritu emprendedor, donde los estudiantes podrán vivir y aprender.

El Departamento de Investigación, Innovación y Desarrollo Económico del Estado de Carolina del Norte está coordinando los esfuerzos para el desarrollo de la innovación en ese Estado. Ellos son los responsables de poner a todos los interesados, inversores, empresarios, etc., en contacto con los investigadores para crear una cultura de innovación. Junto con *Innovate Raleigh* patrocinaron y participaron en el plan para la organización de la Cumbre de la Innovación, y en su página web dan información actualizada sobre las actividades de dicha iniciativa.

En 2012, el Estado de Carolina del Norte anunció su programa *NC State Fast 15*, para intentar duplicar el número de nuevas empresas creadas por la Universidad del Estado de Carolina del Norte y los estudiantes. En este programa se identifican las 15 oportunidades de negocio más atractivas existentes en toda la Universidad. El programa suministra asesoramiento por medio de emprendedores con experiencia, ayuda para la realización de un plan para el lanzamiento de la empresa y consejos para despertar el interés de potenciales inversores.

Estos son ejemplos de temas desarrollados con la colaboración de Estado de Carolina del Norte, de lo importante que es para su Universidad apoyar el espíritu empresarial a través de programas como el *NC State Fast 15* y de la aportación de espacios físicos para la innovación como *The Garage*. Esfuerzos como estos son la clave para que en Raleigh se colabore de forma participativa, lo que contribuirá a que sea una ciudad de código abierto y una ciudad de la innovación.

6.- El código abierto como cimiento del sello de innovación

Raleigh es muy famosa por ser "la ciudad de los robles", pero esta distinción no ayuda mucho al desarrollo económico. Sin embargo, si se nos conociera como "la ciudad de la innovación", ello llamaría la atención de las empresas que quieren empezar, o a las que están pensando en buscar una nueva localización, o a las que quieren expandirse, y también a las organizaciones que buscan dónde celebrar sus eventos.

En Raleigh, el espíritu de innovación y el código abierto van de la mano. La cultura genera nuevas ideas pero lo más importante es que estas ideas están empezando a fructificar.

Hasta ahora he mencionado muchas veces la idea de la marca "ciudad de código abierto", pero no he explicado lo que es en sí mismo el amplio concepto de "marca". Hay dos definiciones que yo suelo usar cuando me refiero él.

1. Una marca es una promesa.

2. Una marca es lo que los clientes o los ciudadanos, en este caso, dicen que es.

Raleigh fracasaría al reivindicar el sello de "ciudad de código abierto" si no pudiera presentar unos hechos y unos éxitos que la respaldaran. En este libro hemos explicado la importancia de las acciones de los ciudadanos, del Gobierno Municipal, de las empresas y de otras organizaciones, intentado identificar los diversos actores que intervienen para que Raleigh tenga el sello de "ciudad de código abierto", y en las últimas secciones de este capítulo nos hemos centrado en el desarrollo económico y en cómo el espíritu emprendedor conduce a la innovación en cualquier comunidad.

Pero lo que hace diferente a Raleigh es el hecho de que el método del código abierto influye en el modo en que se toman las decisiones, en la decisión de qué información se debe compartir y en cómo colaboran y se conforman *clusters* de empresas.

Los esfuerzos de Raleigh por ser una ciudad innovadora no compiten con que sea una "ciudad de código abierto" sino todo lo contrario. De hecho, ambos conceptos se complementan de forma muy interesante. Precisamente el hecho de que Raleigh sea una ciudad de código abierto, facilita que pueda llegar a ser una ciudad innovadora.

Cuando coordiné el grupo sobre el tema de "la marca" durante la Cumbre de Innovación en enero de 2012, le dije a los asistentes lo siguiente: El reto que tenemos es cómo conseguir para Raleigh el sello de "ciudad de la innovación" sin decir que somos innovadores. Proyecté una fotografía del Partenón de Atenas y les puse el siguiente ejemplo para ayudarles a captar el concepto.

Imaginemos que el frontispicio es "la marca" y que las ideas y los diferentes *clusters* de empresas existentes son las columnas que lo soportan. Algunas de las ideas se pueden transformar en empresas o en *clusters* de empresas en el futuro. Por ejemplo, ideas sobre tecnología, la eficiencia energética, la moda, la biología, la biotecnología, los textiles o la microfermentación pueden ser temas que den lugar a la creación de nuevas columnas, nuevos *clusters* de empresas, que soportarían a Raleigh como "ciudad innovadora".

Al principio yo pensaba que los principios del código abierto eran una de esas columnas, pero conforme he ido desarrollando la idea me he dado cuenta que el código abierto no es una columna más, sino el cimiento de todas. En Raleigh la filosofía del código abierto está embebida en la cultura y, en consecuencia, se infiltra a través de cada columna hasta crear nuestra marca de innovación. Cada *cluster* de empresas, cada grupo de asociaciones, cada colectivo, el propio Ayuntamiento, etc. que forman los pilares, están impregnados de código abierto.

7.- Un núcleo de empresas de software de código abierto

Ser un núcleo de empresas vinculadas al software de código abierto y un catalizador para la creación de nuevas empresas en la misma línea, es una ventaja competitiva para Raleigh. La compañía *Red Hat* tiene su oficinas centrales en la zona de negocios de Raleigh, y con la participación de su equipo humano en los eventos locales, en los temas suscitados por los ciudadanos y en las distintas organizaciones, ha ayudado a configurar en cierto modo la comunidad, influyendo en que su cultura acepte el método del código abierto como la mejor manera de plantearse la vida y los negocios.

Pero aunque *Red Hat* sea una gran empresa muy conocida en el mercado, hay también otras empresas centradas en el software de código abierto menos conocidas que con su personal anónimo están contribuyendo de igual modo a configurar la cultura de Raleigh. Hablemos de algunas de ellas

Lulu es una empresa de código abierto ubicada en Raleigh que fue creada por Bob Young quien a su vez fue cofundador de *Red Hat*. *Lulu* ha creado una plataforma en la web que permite a los escritores y a otros creadores, autopublicar obras impresas en papel o en formato digital, o bien editar álbumes de fotos, calendarios, etc. Los autores mantienen todos los derechos sobre sus obras y reciben el 80% del beneficio. Lulu es una empresa pionera que está abriendo nuevos caminos en la industria editorial.

New Kind es una compañía de consultoría ubicada en Raleigh que surgió de la fusión de una agencia de comunicaciones y una empresa de diseño, y ayuda a crear asociaciones y a orientar a colectivos. Esencialmente es un catalizador de asociaciones que se basa en los principios del código abierto para colaborar con las diversas organizaciones en la solución de sus problemas y aportando ideas para incrementar la participación de sus miembros. El método del código abierto es fundamental en el desarrollo su trabajo.

Conozco a la mayor parte del equipo de *New Kind*. Incluso he trabajado con ellos en mis anteriores puestos en *Red Hat* y en otras iniciativas en Raleigh. Esta empresa es una prueba de que el código abierto se puede aplicar fuera del sector de la informática.

Axial Exchange es una empresa informática, especializada en la atención sanitaria que se ha puesto en marcha con el objetivo de mejorar la comunicación entre el los centros médicos, sus pacientes y sus proveedores. En su equipo hay también antiguos colaboradores de *Red Hat* que están aplicando los principios del código abierto para innovar en el intercambio de información sanitaria.

Otra empresa que tiene fuertes vínculos en Raleigh es *Alfresco*. Proporciona una solución empresarial de código abierto para la gestión de contenidos de sitios web. Antes de que se constituyera en Raleigh, parte de sus actuales directivos, como el Director de Marketing, el de Servicios al Cliente y el Consejero Delegado, ya vivían en Raleigh y alrededores, y trabajaban en *Red Hat*.

Rpath, aunque fue comprada en noviembre de 2012 por *SAS Institute*, era otra empresa ubicada en Raleigh y perteneciente al sector informático de código abierto. Diseñó una plataforma de automatización para el despliegue y la actualización de paquetes de software en diferentes entornos tecnológicos y desarrolló un sistema para administrar y configurar componentes software de código abierto, denominado

Conary. Al igual que ocurre con otras empresas en Raleigh, parte de su personal provenía de *Red Hat*.

Estos son ejemplos de empresas en Raleigh que tienen fuertes vínculos con el código abierto, siendo interesante comprobar que sus principios pueden ser aplicados fuera de la industria del software. Hemos visto como el método del código abierto se aplica en el sector de la autopublicación, de la asistencia sanitaria y de la consolidación de comunidades. Y ya que todas tienen sus raíces en *Red Hat*, eso nos habla del impacto que la "cultura *Red Hat*", es decir el código abierto, tiene en Raleigh y en región del Triángulo.

Raleigh está en excelente posición para asistir en un futuro al nacimiento de nuevas empresas que resuelvan los problemas del siglo XXI y descubran modelos de negocio rompedores, donde los principios del código abierto puedan demostrar su fortaleza. Empresas que estén pensando en aprovechar el código abierto como ventaja competitiva podrían considerar a Raleigh como un sitio idóneo donde ubicarse.

En ciudades de código abierto como Raleigh, la migración de personas que actualmente se está produciendo hacia su área es un indicador de que los esfuerzos en innovación que se están llevando a cabo no están siendo en balde.

Capítulo VI: Organizaciones y Movimientos por un Gobierno Abierto

Vamos a recordar las cinco características fundamentales de una ciudad de código abierto, las cuales mueven a organizaciones y movimientos ciudadanos de los que hablaremos en este capítulo:

- Fomentar una cultura de participación ciudadana

- Desarrollar una normativa eficaz para la implantación de un gobierno abierto

- Implementar una iniciativa de datos abiertos efectiva

- Promocionar grupos de usuarios de software de código abierto y la celebración de eventos relacionados con estos grupos.

- Posibilitar la creación de núcleos para la innovación y la creación de empresas de código abierto.

Ahora pasamos a describir de qué manera organizaciones y movimientos ciudadanos están aplicando los principios del código abierto para incrementar la participación ciudadana en la gobernanza de sus ciudades.

En primer lugar hablaremos de *Code for America*, una organización sin ánimo de lucro impresionante que está impulsando el movimiento por un gobierno abierto en todo el mundo.

A continuación comentaremos la celebración de unos cuantos eventos *CityCamp* que han tenido lugar en los EE.UU, y por último volveremos a la capital del Estado de Carolina del Norte para hablar de *CityCamp Raleigh* y cómo está evolucionando hacia algo más que un evento de un fin de semana.

1.- *Code for America*

1.1.- ¿Qué es *Code for America*?

Code for America tiene como objetivo hacer más efectivo el trabajo de los gobiernos, fundamentalmente municipales, motivando y facilitando a través de su página web, la participación ciudadana en la gobernanza de la ciudad.

Fue fundada en 2009 para desarrollar aplicaciones informáticas que permitan nuevas formas de participación ciudadana. Estos desarrollos se ofrecen a los ayuntamientos que los soliciten. Tras un proceso de selección, *Code for America* concede becas a una serie de técnicos informáticos locales para que, con su asesoramiento, desarrollen los programas y los implementen en la página web del ayuntamiento correspondiente. Estos becarios son como una especie de Cuerpos de Paz pero compuestos por *geeks* de mentalidad cívica. El primer programa de becas se llevó a cabo en 2009, con 19 becarios en tres ciudades.

Uno de sus primeros desarrollos fue *ADOPTA*, una aplicación web que permite a los ciudadanos "adoptar" una infraestructura o un elemento del mobiliario urbano de su ciudad, como bocas de riego, alcantarillas de desagüe para las tormentas, o incluso árboles, aunque también se puede "adoptar" una carretera o una rambla, en cuyo caso un grupo de ciudadanos se pone de acuerdo para mantener limpias las cunetas o el cauce.

El programa *ADOPTA* se diseñó para Boston, Massachusetts, y comenzó con la aplicación en la web *AdoptAHydrant* (Adopta-Una-Boca-de-Riego), a través de la cual los ciudadanos podían adoptar las bocas de riego y se responsabilizaban de mantenerlas limpias después de las tormentas de nieve.

Más tarde *ADOPTA* fue rediseñado para otras ciudades. En Chicago, Illinois, los ciudadanos utilizan la aplicación para "adoptar" aceras. Los "adoptantes" se responsabilizaban de limpiar las aceras después de las tormentas de nieve o granizo, y en Honolulu, Hawaii, *ADOPTA* permite a los ciudadanos "adoptar" las sirenas que avisan de los *tsunamis* y éstos se comprometen a comprobar su funcionamiento todos los meses.

Con el fin de que otras ciudades puedan aprovechar las aplicaciones ya existentes y ponerlas al servicio de sus ciudadanos, *Code for America*, de forma complementaria a su programa de becas, ha puesto en marcha el programa *Code for*

America Brigade, desde el cual está fomentando la organización de colectivos informáticos centrados en el software código abierto (brigadas) que ayudan a implementar las aplicaciones sociales, ya desarrolladas, en las páginas web de sus ayuntamientos.

Incrementando su implementación, muchas ciudades empezarán a usar programas de código abierto, y aumentará el número asociaciones informáticas de carácter cívico. En un escenario ideal, las ciudades llegarán a estar interconectadas a través de comunidades informáticas de código abierto y las aplicaciones tendrán más uso y, en consecuencia, ganarán en calidad y operatividad.

Veamos ahora con un poco más de detalle el ideario y los conceptos que sustentan el impresionante trabajo que está realizando *Code for America.*

1.2.- Cumbre *Code for America 2012* en San Francisco, California[32]

Como ya hemos visto, el código abierto es algo más que software de código fuente abierto. Se trata de una cultura que han adoptado muchas comunidades y que está arraigada en organizaciones como *Code for America,* lo cual me resultó evidente por lo que pude escuchar durante el día de la inaugura-

---

32 Adaptado de *"Hacking on code and culture: Failure as validated learning",* © 2012 *opensource.com,* publicado bajo licencia *Creative Commons Attribution-ShareAlike 3.0 Unported.*

ción de la Cumbre de *Code for America* en San Francisco, CA, a primeros de octubre de 2012.

1.2.1.- Ideas, ponencias y comentarios

Jennifer Pahlka, fundadora y Directora Ejecutiva de esta organización, inauguró la Cumbre con una llamada a la acción: "Los ideales no son suficientes, tenemos que actuar."

Una de esas acciones fue anunciada durante su presentación. *Code for America* pondrá en marcha una nueva línea de actuación para crear una red de interconexión entre ciudades. ¿Por qué? "porque trabajando interconectados se puede hacer lo que por separado es imposible". El programa tiene como objetivo conectar en torno a las ideas fundamentales a los agentes claves que pueden cambiar las cosas en los gobiernos locales para que los ciudadanos se involucren más en su gobernanza.

A continuación intervinieron Tim O'Reilly y Eric Ries, autor, este último, del libro *The Lean Startup* y recientemente nombrado Consejero de *Code for America*. Se habló principalmente de cómo los principios más destacados de su libro se pueden aplicar a la también a la gobernanza. El modelo de gestión de *startups* y el concepto del fracaso fueron los dos temas importantes.

Ries definió una *startup* como el hecho de poner en práctica una idea, algo innato en la naturaleza humana, sin importar ni el sector de negocio donde la idea se vaya a desarrollar, ni el volumen del mismo. Aunque Ries nunca contempló que su metodología se podía aplicar a algunos aspectos de la gestión de los gobiernos, en la actualidad ya se está usando en muchos de ellos de diferentes niveles, hasta incluso en la Casa Blanca.

Ries afirmó que para nuestra cultura empresarial el fracaso es una opción en cualquier *startup* y si alguien no lo cree, se está engañando así mismo y a su equipo. O'Reilly y Ries hablaron largo y tendido acerca de en qué proporción y con qué frecuencia podía fallar la dirección de un proyecto. Aunque para Ries el fracaso es una manera perfectamente válida de aprender, los proyectos pueden fracasar con menos consecuencias negativas si hay una dirección efectiva y un buen respaldo financiero.

David Eaves[33], que actuó como maestro de ceremonias del evento, hizo un excelente resumen cuando dijo:

"*Code for America* no tiene nada que ver con *hackear* programas, tiene que ver con *hackear* la cultura".

Este pensamiento muestra el poder de los colectivos informáticos de código abierto como *Code for America*. En esa línea, Palhka afirmó que "cada uno de los presentes en este

---

33 David Eaves es un experto de gran prestigio en temas de gobierno y datos abiertos, sobre los cuales asesora a diversos gobiernos tanto municipales como estatales.

salón es uno de los fundadores de este movimiento".

Por mi parte yo lo diría de la siguiente forma: "Todo el que opta por participar ya es parte de la solución y del movimiento."

Otras buenas ideas que se mencionaron en la Cumbre fueron:

"Hacer cosas erróneas de forma eficiente no es una buena manera de aprovechar el tiempo" - Eric Ries

"Todos estamos aquí para definir de manera colectiva lo que hay que hacer" - Jennifer Palhka

"*Code for America* es un medio para romper el Sistema Público de Contratación" - Tim O'Reilly

1.2.2.- Opiniones sobre el concepto de "gobierno abierto" [34]

Como mencionamos en el Capítulo I, "gobierno abierto" significa diferentes cosas para diferentes personas. Las características más comunes que se asocian con dicho movimiento son la transparencia, la colaboración y la participación. Cuando Tim O'Reilly habla sobre el gobierno abierto, lo ve como una plataforma.

---

34 Adaptado de *"What does open government mean to you?"*, © 2012 *opensource.com*, publicado bajo licencia *Creative Commons Attribution-ShareAlike 3.0 Unported.*

O'Reilly menciona los componentes de la web 2.0.: el *cloud computing*, las redes sociales y muchos otros. Particularmente, los bienes y servicios a los que podría dar lugar el gobierno. Él se centra en la capacidad del mercado de ofrecer los grandes volúmenes de datos suministrados por los gobiernos. Pienso, por ejemplo, en la *National Oceanic and Atmospheric Administration* (*NOAA*) que proporciona sin cargo alguno datos de predicción meteorológica a organizaciones relacionadas con la climatología de todo el mundo.

Durante la Cumbre de *Code for America* tuve la oportunidad de preguntarle a diversas personas que están en primera línea del movimiento por un gobierno abierto, cómo definían ellos ese concepto. Sus respuestas resultaron ser muy diversas, pero siempre en la misma línea.

Forest Frizzell, Director Adjunto del Ayuntamiento de la Ciudad de Honolulú

"Se trata de ser abierto en todo, y de colaborar con los ciudadanos para que se sientan satisfechos con lo que su gobierno está haciendo de manera que ellos quieran formar parte de la solución. También se trata de cómo se establecen las prioridades a la hora de gobernar. Nos gusta que las cosas se hagan respetando nuestras costumbres y manera de ser y no en base a leyes y normativas. Los métodos de un gobierno abierto son la herramienta para arreglar eso.

Jen Palhka, Fundadora y Directora Ejecutiva de

Code for America

"No sólo se trata de ser abierto de forma que podamos exigir al Gobierno que rinda cuentas. Se trata, simbólicamente, de abrir la puerta para invitar a pasar a todos los ciudadanos."

Eugene Kim, Cofundador de *Groupaya*

"En última instancia, el gobierno abierto es compromiso y transparencia. No requiere tecnología, es algo que el pueblo ya ha inventado y practicado en el pasado. Debemos conocer las situaciones históricas en las que el pueblo ha participado de forma efectiva en el gobierno. Necesitamos que se nos cuenten esas buenas experiencias habidas en las gobernanzas abiertas."

Brian Gryth, Fundador y Director General de *OpenColorado*

"Es la forma en que se supone que nuestro Gobierno debe funcionar. Es la democracia en la práctica. Es un Gobierno que responde a su pueblo y permite que los ciudadanos estén más involucrados. La transparencia crea confianza. Es como abrir una ventana que permita a los ciudadanos ver lo que su Gobierno está haciendo. Es hacer comunidad y es en lo que creyeron los Fundadores de este país. Es aplicar la Constitución."

Abhi Nemani, Consejero de Estrategia y Comunicación de *Code for America*

"Gobiernos que trabajan como internet: intercomunicados y creativos. Y que reflejan lo que es nuestra sociedad."

Jason Lally, Director de *Decision Lab for PlaceMatters*

"Gobierno abierto significa el restablecimiento de la confianza en los valores democráticos. Hoy oímos mucho ruido en la política. La idea del gobierno abierto supone una aproximación no partidista y trata en realidad de conectar a las personas con sus comunidades. Eso significa que las personas estarán conectadas todas con todas. ¡Algo excitante!"

Cyd Harrell, Asesor de *Code for America*

"Lo planteo en términos ligeramente diferentes. Un gobierno es para los ciudadanos y debe ofrecer un entorno de confianza de manera que los ciudadanos puedan participar en el gobierno. Hay tres valores fundamentales que configuran un gobierno abierto: el respeto, la participación y la unidad. Lo más importante es la unidad porque eso hace que los ciudadanos y el gobierno empujen desde el mismo lado."

Aunque los defensores del gobierno abierto lo definan de forma diferente, el mensaje es el mismo en todos ellos: gobierno abierto significa aumentar el poder de los ciudadanos.

1.3.- El programa *Code for America Brigade* y la *Race for Reuse* 2012[35]

1.3.1.- Descripción del programa

Durante los últimos años *Code for America,* con su programa de becas, ha ido formando una auténtica colección aplicaciones cívicas de código abierto desarrolladas e implementadas en las distintas ciudades con las que ha ido colaborando, y uno de los objetivos que se planteó esta organización fue cómo adaptar esas aplicaciones para reaprovecharlas en otras ciudades.

Como solución creó el programa *Code for America Brigade*, mediante el cual se ayuda a *geeks* y *hackers* cívicos a agruparse y colaborar en la reutilización e implantación en sus ciudades del software social de la colección que *Code for America* tiene disponible.

Consecuencia de este programa, *Code for America* está ayudando a que se formen equipos de voluntarios, llamados "brigadas", por todo los Estados Unidos, las cuales están organizando y manteniendo encuentros y otro tipo de eventos para difundir sus trabajos y hacer de sus ciudades un lugar mejor para vivir, usando a través de la web los programas y aplicaciones informáticas de código abierto que *Code for*

---

35 Adaptado de *"Contest aims to give open source projects a second wind"*, © 2012 *opensource.com*, publicado bajo licencia *Creative Commons Attribution-ShareAlike 3.0 Unported.*

America ya tiene desarrolladas.

Para promocionar la implementación de unas aplicaciones previamente seleccionadas, el programa *Code for America Brigade* organizó en octubre de 2012 la *Race for Reuse* (Torneo por la Reutilización).

Se trata de un certamen peculiar cuyo objetivo es animar a que brigadas repartidas por todo los Estados Unidos implementen y mantengan estos programas de código abierto ya existentes. Una de las partes más difíciles de la implementación de una aplicación social de código abierto no es conseguir organizar un colectivo informático, sino motivar a los ciudadanos para que la usen. Eso es precisamente lo que esta campaña quería lograr.

Había cuatro aplicaciones que las brigadas participantes podían usar en el certamen:

- *Adopta.-* Una aplicación web que, como ya sabemos, permite a los ciudadanos "adoptar" una infraestructura de la ciudad o algún componente de su mobiliario urbano. Además de los ejemplos que hemos mencionado antes, podemos incluir las marquesinas de la paradas de autobuses o lo bancos de una plaza.

- *LocalWiki.-* Otra plataforma conocida para construir páginas web de información comunitaria. Los *LocalWiki* son sitios web que versan sobre una localidad y que son editados por la gente de ese entorno.

Por ejemplo, Raleigh tiene *Triangle Wiki.*

- *Shareabouts.-* Una aplicación basada en mapas destinada a que la gente pueda recomendar sitios para visitar, incluyendo comentarios sobre los mismos de una manera social y participativa.

- *Textizen.-* Una aplicación para recabar opiniones sobre temas sociales en la era de los móviles. Por medio del envío de mensajes de texto o SMS, los ciudadanos o los miembros del Gobierno Local, pueden llevar a cabo encuestas sobre asuntos referentes a la ciudad y luego publicar los resultados.

El Torneo comenzó el 6 de noviembre de 2012, y en él competían las brigadas de 28 ciudades implementando y promocionando el uso de una de las cuatro aplicaciones descritas. Más tarde comentaremos los resultados, pero ahora vamos a volver a Raleigh para ver cómo organizamos nuestra brigada y cómo se desarrolló nuestro trabajo.

1.3.2.- La brigada *Code for America* de Raleigh

El 24 de octubre de 2012, los miembros del colectivo *CityCamp Raleigh* tuvimos un encuentro para comentar la evolución de algunos proyectos que estábamos desarrollando y proponer la creación de una brigada dentro del programa *Code for America Brigade.* Dado que nuestro grupo estaba avanzando de forma muy positiva en el camino de ser algo más que un evento anual, formar una brigada *Code for America* nos parecía una cosa lógica.

Se decidió organizar la brigada en base a un modelo de co-dirección. Los compañeros y *geeks* de mentalidad social Chad Foley y Reis Serozi nos unimos para coordinar el trabajo, y redactamos un compromiso en un documento formal en el que especificamos los objetivos del primer año. Decidimos tener unos encuentros mensuales y participar en dos o tres eventos anuales, uno de los cuales sería *CityCamp Raleigh*. Dado que el objetivo de nuestra brigada también era implantar en Raleigh alguna de las aplicaciones ya desarrolladas por *Code for America*, participar en la *Race for Reuse,* con lo que eso significaba de publicidad, era una oportunidad perfecta como lanzamiento de nuestros trabajos.

La brigada de Raleigh seleccionó la aplicación "Adopta" ya que con ella proporcionaríamos una solución web para algo que ya se estaba haciendo en la ciudad como era el que los ciudadanos pudieran "adoptar" las marquesinas de las paradas de autobuses.

Inmediatamente insertamos la siguiente nota de prensa anunciando la implantación en Raleigh de la aplicación *Adopt-A-Shelter*, que fue publicada el 13 de noviembre de 2012.

"Los ciudadanos de Raleigh interesados en cuidar y mantener su parada de autobús preferida en la ciudad tienen

ahora un medio que les facilita hacerlo: la aplicación web interactiva Adopt-A-Shelter, mediante la cual pueden conocer en tiempo real cuántas paradas de autobús han sido adoptadas y cuántas están aún disponibles en la ciudad.

La brigada Code for Raleigh recientemente formada por voluntarios de CityCamp Raleigh, dentro del programa Code for America Brigade, ha implementado esta aplicación para que pueda ser usada por todos los ciudadanos interesados.

Code for Raleigh pretende reaprovechar las aplicaciones ya creadas por Code for America, una organización sin ánimo de lucro dedicada a mejorar la gobernanza de las ciudades a través de la informática. Code for Raleigh ha implementado recientemente la aplicación Adopt-A-Shelter en adoptashelter.raleighnc.gov y muestra 184 marquesinas disponibles para su adopción en Raleigh. Los ciudadanos pueden asumir de forma muy sencilla el compromiso de ayudar durante un año a mantener limpias las paradas de autobús de Raleigh para los viajeros de la Red de Transporte de la Capital (RTC).

"Es una manera interactiva para que los residentes puedan ver qué paradas de autobús que se han adoptado," comenta David Eatman, Administrador de tránsito de la RTC. "Estamos encantados de que los ciudadanos que forman parte de Code for Raleigh hayan hecho el esfuerzo para

ofrecer este recurso informático y así fomentar la participación en el Programa Adopt-A-Shelter que pusimos en marcha hace dos meses.

La brigada organizada en nuestra ciudad, Code for Raleigh, ha inscrito recientemente su proyecto Adopt-A-Shelter en la Race for Reuse, patrocinada por Code for America. Sólo quedan cinco semanas para promocionar el proyecto y aumentar el nivel de adopciones. Code for Raleigh espera conseguir 20 nuevas marquesinas adoptadas antes del 6 de diciembre de 2012, a fin de alcanzar los objetivos que se han planteado."

El programa *Adopt-A-Shelter* comenzó a funcionar en Raleigh sin apoyo informático en septiembre 2012. A los ciudadanos que adoptan una marquesina se les pide que, durante un año, ayuden a mantenerla limpia, realizando la limpieza una vez al mes. Se les suministran bolsas de basura, guantes desechables y chalecos reflectantes para realizar la labor de forma segura. A estos voluntarios también se les pide que informen al Ayuntamiento de cualquier acto vandálico o actividad sospechosa en los alrededores, así como de todo lo que haya que reparar.

Conseguir instalar la aplicación *Adopta* fue posiblemente lo más fácil y, sin embargo, Chad Foley merece el mayor de los aplausos por haberlo conseguido. Pero lo realmente importante que aprendí en mi participación en la *Race for Reuse* fue que cuando todo lo que había que hacer se ha hecho, el problema estriba en la sensibilización de las personas. Es fundamental que los ciudadanos y las empresas sepan que tienen la posibilidad de adoptar una marquesina de una parada de autobús, porque cuando lo saben son muchos los que quieren hacerlo.

El martes 4 de diciembre de 2012, Chad Foley, Reid Serozi y yo, tuvimos una reunión con el Consejo del Ayuntamiento de Raleigh para hacerle una presentación de la brigada *Code for America* de Raleigh y su participación en la *Race for Reuse.*

Le hicimos una demostración de como funcionaba la aplicación *Adopt-A-Shelter* y todos los concejales la encontraron muy interesante, pero lo que animó más la reunión fue el desafío que le planteó el concejal Crowder a su compañero Gaylord, para ver quien de los dos conseguía cuatro adopciones nuevas en su respectivos distritos antes de que acabara la semana.

La concejala Baldwin también quiso adoptar una marquesina de su barrio que ella conocía, aunque no aparecía en la aplicación. En broma, el concejal Crowder le pidió a la concejala Baldwin que se alistara en su equipo.

Nuestra estrategia durante la presentación era asegurarnos de que los miembros del Consejo conociera a fondo lo que es *Code for America,* su programa de brigadas y promocionar la *Race for Reuse.* Creo que estuvimos bastante acertados cuando, para explicarles lo que era *Code for America,* les dijimos que era como *Teach for America*[36] pero para los municipios.

Después entramos en detalles acerca de nuestros objetivos y proyectos de futuro, y lo más importante, dimos las gracias públicamente a los funcionarios del Ayuntamiento por toda la ayuda que nos habían prestado. Hacer esto era fundamental pues la puesta en marcha de esta aplicación fue algo más que cosa de Foley, Serozi y yo. Los empleados del Ayuntamiento habían puesto mucha carne en el asador para que se lograra el éxito, aparte de que no hay que olvidar que lo que estábamos haciendo era de todos.

También contamos al Consejo en qué punto se encontraba el torneo y les informamos que hasta ese momento habíamos conseguido 6 nuevas adopciones de marquesinas a través de la aplicación.

Durante el coloquio los concejales quisieron saber más e hicieron muchas preguntas interesantes sobre el funcionamiento de la aplicación y sobre posibles nuevas adopciones de marquesinas. Al final todos nos expresaron su agradecimiento.

---

36 *Teach for America* (Enseñar para América) es una organización sin ánimo de lucro, que cuenta con un conjunto de docentes, graduados universitarios y profesionales voluntarios, que se dedican a enseñar y elevar el rendimiento de los estudiantes de las escuelas públicas en las zonas de menor poder económico en los Estados Unidos.

Nos quedaban tres día para conseguir 14 adopciones si queríamos cumplir nuestros objetivos y debo reconocer que el Ayuntamiento se puso las pilas para ayudarnos a conseguirlo.

1.3.3.- Resultados de la *Race for Reuse 2012*

Code for América hizo públicos los resultados del torneo a mitad de diciembre de 2012. En total se implementaron aplicaciones en 28 ciudades. La aplicación más popular fue *LocalWiki*, un software del que hemos hablado y que ya se había implementado en Raleigh en marzo de 2012 con el nombre de *Triangle Wiki*.

Durante el torneo, *LocalWiki* fue implementado en diez ciudades y se crearon más de 2.000 nuevas páginas por parte de más de 400 nuevos colaboradores.

El Gran Premio se lo llevó Ancorage, Alaska, por la implementación de la aplicación *AdoptAHydrant* ("Adopta-una-Boca-de-Riego") que consiguió 142 adopciones. Toledo, Ohio, también mereció otro Gran Premio por implementar su aplicación *LocalWiki*, llamada *ToledoWiki*, que logró 90 nuevas aportaciones.

¿Cómo se portó Raleigh en esta competición amistosa? Nuestra brigada recibió un Diploma al Compromiso por la aplicación *Adopt-A-Shelter*, que consiguió veintiséis adopciones, sobrepasando nuestro objetivo, que estaba en veinte.

Otras brigadas merecedoras de un Diploma al Compromiso, lo fueron por otras dos implementaciones de *LocalWiki*, una en Baltimore, Maryland, llamada *B'MORE Pipeline*, y la otra en Kansas City, Missouri, llamada *WikiKC*.

El Gran Premio para cada una de las ciudades ganadoras, consistió en una verbena popular patrocinada por *Code for América*, y además un año de alojamiento gratis para la aplicación. Para los ganadores del Diploma al Compromiso y con el fin de compensar sus esfuerzos, el premio fue de un año gratis del alojamiento.

Una de las razones por las que muchas brigadas participantes en el torneo tuvieron éxito fue gracias a las Jornadas para la Concienciación, un día o una tarde reservadas para que los componentes de la brigada se reunieran y trabajaran en el proyecto.

En Raleigh por experiencia sabíamos que implicar a los ciudadanos era la parte más complicada, quiero decir el hacer que los ciudadanos se interesen por el proyecto y usen la aplicación. Por eso preferimos hacer una jornada con el formato de un *Civic-a-thon*. Nuestra brigada quería incorporar también a cualquier ciudadano, incluyendo los que no podían aportar ni una pizca de conocimiento informático.

También ideamos otras maneras para atraer a la gente creando, por ejemplo, unas páginas al respecto en *Triangle Wiki*, o sometiendo a votación el diseño de un anuncio para promocionar *Adopt-A-Shelter*. Nos dimos cuenta que las soluciones podían venir de cualquier ciudadano. A veces con mostrar su interés ya sobraba.

De forma similar a *Triangle Wiki*, que lo hace celebrando su *Triangle Wiki Day*, otras comunidades celebraran maratones para editar contenidos *online*, enseñar a la gente el funcionamiento de *LocalWiki* y nutrir sus *wikis* con información local.

Este tipo de jornadas de concienciación, cuando están centradas en la tecnología y el desarrollo de aplicaciones informáticas, se denominan *hackathons*. Las comunidades que celebran *hackathons* están haciendo un tipo excelente de hackeo como parte de su compromiso cívico.

De forma similar a lo que ocurre con la *Race for Reuse*, se están celebrando por todo el mundo eventos para incrementar la concienciación de los ciudadanos. Congresos abiertos dedicados a difundir y apoyar la idea de un gobierno abierto como por ejemplo *CityCamp*, *TransparencyCamp* y *Government 2.0 Camp*, en realidad son también jornadas de concienciación.

2.- La Fundación *Sunlight*, una organización pionera por un gobierno abierto

La Fundación *Sunlight*, una organización independiente sin ánimo de lucro, ubicada en Washington DC, que trabaja para incrementar la transparencia de los gobiernos a través de la informática, celebró su primer evento *TransparencyCamp* en 2009 con el objetivo de poner en contacto a todos los colectivos y asociaciones de informáticos interesados en el gobierno abierto.

Este primer *TransparencyCamp* tuvo lugar en la Universidad George Washington y reunió a casi cien participantes, los cuales discutieron acerca de los problemas que implica la creación e implementación de políticas transparentes en el Gobierno de los Estados Unidos. Esas discusiones condujeron a la *TransparencyCamp West* que tuvo lugar a finales del 2009, co-organizadas con *Google* en Mountain View, California.

Para más detalles sobre cómo se gestó *TransparencyCamp* y cuál es la forma más racional de desarrollar eventos de este tipo, se puede consultar su guía *how-to* ("cómo hacerlo"), que es muy útil si uno quiere organizar algo similar en su ciudad.

En los últimos trabajos publicados por la Fundación *Sunlight* se dan respuestas a la últimas tendencias de las políticas de datos abiertos y a las directrices por un gobierno abierto, partiendo del nivel de los gobiernos locales hacia arriba. En 2012 publicaron una serie de "Guías Estratégicas para las Políticas de Datos Abiertos" con las que esperan continuar comprometiendo a los altos funcionarios de los gobiernos, a los *hackers* sociales, a los defensores de una sociedad más cívica, y a muchos otros colectivos.

La Fundación *Sunlight* sirvió de inspiración tanto para *Code for America*, como para *CityCamp*. Jen Pahlka y Kevin Curry se han referido a *TransparencyCamp* como la fuente donde han bebido para desarrollar sus proyectos.

Por mi parte, he estado muy involucrado con el movimiento *CityCamp*, tanto como organizador de dos *CityCamp Raleigh*, como asistente y ponente de numerosos *CityCamp* por todo Estados Unidos. En el próximo apartado intentaré contar mis experiencias *CityCamp*, que realmente han sido una auténtica revelación para mí.

3.- Un recorrido por varios *CityCamp* y las mejores recomendaciones para llevarlos a cabo

El movimiento *CityCamp* es una formidable manera para empezar el proceso de sensibilización de los diferentes estamentos interesados, es decir de los ciudadanos, los funcionarios municipales, los concejales y los periodistas, entre otros. Pero es también un formidable medio para plantear los problemas que tienen que afrontar nuestras ciudades y discutir sus posibles soluciones.

A continuación me gustaría contar mis experiencias por diversos *CityCamp*. Debido a mi trabajo en *Red Hat* he tenido la oportunidad de asistir a los eventos *CityCamp* en Denver, Honolulú, y Kansas City, donde he aprendido acerca de sus asociaciones, me he documentado sobre las mejores recomendaciones para los futuros organizadores de estos eventos, y además he conocido a personas muy interesantes.

3.1.- *CityCamp Colorado*

En Colorado, gracias a los miembros de la comunidad de *Open Colorado*, hay un fuerte movimiento por un gobierno abierto y por promover la publicación de datos abiertos. Han celebrado tres eventos *CityCamp* en los últimos tres años y he tenido oportunidad de asistir a los dos últimos, en 2011 y 2012.

En primer lugar veremos algunos de los temas desarrollados en el segundo *CityCamp Colorado,* el celebrado en 2011, y a continuación comentaremos la forma en la que el colectivo que lo organiza comparte sus conocimientos informáticos. Por último terminaremos con noticias del tercer *CityCamp Colorado* celebrado en 2012.

Es muy importante mencionar que los participantes en el primer *CityCamp* celebrado en 2010 publicaron un modelo de "Directiva Local para un Gobierno Abierto", que sirvió de referencia para otros municipios, e incluso fue tomada como guía por la Administración Obama en su "Directiva para un Gobierno Abierto". Ello demuestra la importancia del trabajo que se puede realizar cuando un grupo de *geeks* sociales se unen por una causa común y cómo los logros conseguidos se comparten con los demás, siendo esto último uno de los mayores beneficios del código abierto.

3.1.1.- *CityCamp Colorado de 2011*

Más de 70 personas se reunieron para participar, aprender y avanzar en el movimiento por un gobierno abierto durante el *CityCamp Colorado* de 2011.

3.1.1.1.- Mejorando el acceso al Gobierno[37]

El evento empezó con Tom Downey y Stephanie O'Malley, funcionarios del Ayuntamiento de Denver, quienes expusieron el tema de la jornada: Mejorar el acceso al Gobierno. Tom Downey es el Director del Departamento de Tasas y Licencias para la Ciudad y el Condado de Denver, y un entusiasta de la idea de un gobierno abierto. Empezó diciendo que lo fantástico de un movimiento como *CityCamp* es que el organigrama es plano (sin apenas jerarquías), que las decisiones se toman democráticamente, y que permite que las cosas se hagan y salgan adelante.

Las funciones del día a día de Downey en su puesto en el Ayuntamiento de Denver, están relacionadas con la concesión y cobro de una gran variedad de licencias municipales y provinciales, desde los permisos para la marihuana medicinal hasta las licencias para vender licores, e incluso la gestión de las zonas de estacionamiento. Y todo se lleva a cabo por escrito en impresos oficiales. El Departamento de Tasas y

---

37 Adaptado de *"The power shift effect of open government"*, © 2011 *opensource.com*, publicado bajo licencia *Creative Commons Attribution-ShareAlike 3.0 Unported*.

Licencias no tiene un sistema para trabajar *online*, ni siquiera para realizar los pagos. Downey admitió que es un obstáculo para una ciudad que un departamento no trabaje de la misma forma en la que los ciudadanos están acostumbrados a manejar y gestionar sus negocios.

En su opinión, cambiar a un sistema *online*, donde conseguir una licencia y realizar los pagos pueda hacerse a través de la web, hará que Denver trabaje mejor, más rápido y de forma más transparente. A los titulares de las licencias les será más fácil hacer sus gestiones con el Ayuntamiento y con el Condado. Por otra parte, para los ciudadanos interesados en obtener una licencia, el proceso sería más abierto y transparente, ya que les permitiría ver quienes la han solicitado, en qué punto se encuentra el proceso de concesión y si dicha concesión tiene alguna restricción. Hoy pueden tener acceso a toda esa información pero tienen que ir físicamente a las oficinas y consultarla en papel, perdiendo tiempo y dinero tanto los ciudadanos como los funcionarios.

"¿Qué estamos haciendo para crear la atmósfera "es fácil hacer negocios en Denver?", se preguntó Downey. Su Departamento quiere poner todos los documentos *online* y permitir a los ciudadanos obtener información, solicitar una licencia, pagar tasas o multas y renovar los permisos a través de la web. Esto creará un gobierno más abierto y un mejor ambiente para los negocios. Pero si nos limitamos a poner las cosas *online*, esto no será necesariamente un gran avance, eso debe de ser sólo la primera etapa para sintonizar con los esfuerzos de otras iniciativas por un gobierno abierto, añadió.

Además del ahorro del tiempo y dinero, los ciudadanos y funcionarios obtendremos en consecuencia otros ahorros ya que se reducirá la carga de trabajo de estos últimos y podrán repartir sus prioridades en otros proyectos estratégicos y en dar un mejor servicio, en lugar de estar haciendo fotocopias de las licencias. Downey dijo que al mismo tiempo se conseguirá que la información sea más accesible y que, por tanto, los vecinos pasarán a tener un mayor control de la gestión.

Downey también habló brevemente acerca de mejoras en su proceso de notificación de las solicitudes de permisos. Antes este proceso era difícil de implementar con el sistema *GIS* porque la ley requiere que las notificaciones se hagan en un radio de acción de cinco bloques, lo cual no se adaptaba bien a su modo operativo. El sistema *GIS* podría crear un radio circular de cinco bloques, pero la complicada estructura de la ciudad de Denver daba problemas adicionales y no todos los interesados recibirían las notificaciones según lo especificado por la ordenanza. Su departamento trabajó con la División *GIS* para mejorar el sistema, y ahora los ciudadanos están recibiendo las notificaciones en la forma requerida. Poner estas aplicaciones en la web, además de mejorar el sistema en sí, va a incrementar la transparencia ya que todos los ciudadanos, no sólo los interesados o los afectados por la ley, van a poder acceder a la información sobre la concesión de licencias.

¿Cómo está empezando a avanzar el proceso por un gobierno abierto en Colorado? "Con todas estas pequeñas cosas se construye algo fantástico", dijo Downey. "El hecho de que el Ayuntamiento permita presentar escritos y alegaciones a través de la red y que mejore el servicio de notificaciones, nos hace ir avanzando."

"No es una gran innovación o una mejora en los procesos de gestión que hagamos en un momento dado lo que permite que nuestro gobierno sea más abierto. Eso se consigue con cada mejora parcial, paso a paso, haciendo que el control de la gestión vaya pasando a los ciudadanos", concluyó.

3.1.1.2.- Combatiendo la duplicidad con un gobierno abierto[38]

Después de Tom Downey, Stephanie O'Malley, Directora Adjunta de la Secretaría de Michel Hancock, la Alcaldesa de Denver, explicó la importancia que tenía el hecho de que los ciudadanos supieran cómo encontrar la información. Esta mentalidad es una directriz con la que ella trabaja todos los días para conseguir que la alcaldía de Denver camine hacia la transparencia y la apertura, desde el convencimiento de que los ciudadanos deben saber lo que está sucediendo en su

---

38 Adaptado de *"Combating duplication with open government"*, © 2011 *opensource.com*, publicado bajo licencia *Creative Commons Attribution-ShareAlike 3.0 Unported.*

ciudad.

Obviamente uno de los grandes problemas de la ciudad de Denver son sus limitaciones presupuestarias. O'Malley mencionó que el Departamento de Tecnologías de la Información de la ciudad tiene peticiones de gasto de más de 8 millones de euros y sólo cuenta con 2 millones en recursos. El Ayuntamiento sabe que disponer de datos es muy importante pero, al igual que en otras ciudades, es muy difícil responder al volumen de peticiones con recursos limitados. En consecuencia, las decisiones se toman en base a las prioridades que establece la alcaldía y a minimizar el tiempo de recuperación de la inversión.

Uno de los mayores desafíos a superar en Denver es la duplicidad de los trabajos. Esto no se refiere sólo a la duplicidad entre los departamentos del Ayuntamiento, todos interesados en hacer grandes cosas, sino que también se da con los municipios de los alrededores. O'Malley ve una oportunidad tanto a nivel local como del Condado para romper los reductos estancos y consolidar los esfuerzos en base a una colaboración a nivel de todo el Condado. "Las ciudades tienen que estar más dispuestas a compartir información y no poner barreras", dijo. Dadas las personas que estaban presentes en el *CityCamp Colorado 2011*, el Condado de Denver estaba en las mejores condiciones para aprovechar las ventajas de conseguir una colaboración a nivel regional.

O'Malley cree que el paso a soluciones de código abierto y a iniciativas por gobiernos más abiertos, harán que la información sea más accesible. La potencialidad de un gobierno abierto a nivel regional es una oportunidad sin explotar, pero el cambio va a llevar tiempo y esfuerzo. "La gente está acostumbrada a hacer las cosas a su manera", comentó, "va a costar un montón de reuniones y llevará tiempo. Es por eso que estamos aquí hoy."

Los eventos *CityCamp* son una forma extraordinaria para conseguir que las partes interesadas de las diferentes ciudades y municipios hablen de los temas a los que se están enfrentando y exploren juntos posibles soluciones.

Por mi parte también creo que se hacen demasiados esfuerzos duplicados por parte de las autoridades federales, estatales, provinciales, de las ciudades y de los pequeños municipios en los Estados Unidos, y quizás en todo el mundo. Necesitamos más colaboración a todos los niveles, para ahorrar el dinero que pagan los contribuyentes y ganar un tiempo que se podría dedicar a otros desarrollos.

3.1.2.- *CityCamp Colorado 2012*

3.1.2.1.- El proyecto *Adopt-A-City*[39]

Los municipios pequeños, por lo general los que están en las

---

39 Adaptado de *"Opengov techies give back with apps and expertise"*, © 2012 *opensource.com*, publicado bajo licencia *Creative Commons Attribution-ShareAlike 3.0 Unported*.

zonas rurales, no tienen la capacidad informática como para llevar a cabo nuevas implementaciones que permitan la participación ciudadana como hacen las ciudades más grandes. Dos colectivos, *Open Colorado* y *Colorado Code for Communities*, han decidido compartir con esos municipios sus conocimientos informáticos y su experiencia para, de forma conjunta, crear una plataforma que les permita acceder a un sistema de datos abiertos a través de diversos sitios web o aplicaciones para móviles.

El anuncio del proyecto *Adopt-A-City* se hizo durante el tercer *CityCamp Colorado* celebrado en Denver en octubre de 2012. En la primera etapa del proyecto el objetivo es adoptar al menos dos pueblos en Colorado durante el próximo año y poner en marcha la infraestructura que fomente la participación ciudadana en ellos.

"Lo que buscamos es apoyar a las comunidades rurales, las que producen nuestros alimentos, perforan nuestros pozos de petróleo, y dan energía a nuestras ciudades", dijo Brian Gryth Director General y co-fundador de *Open Colorado*. Es hora de que les compensemos y compartamos nuestra experiencia y tecnología con nuestros pueblos."

3.1.2.2.- Otras actuaciones

Colorado Code for Communities, la brigada de *Code for America* en Denver, tiene grandes planes para 2013. Quieren implementar ocho aplicaciones informáticas (tales como

Adopta) antes de finales de año, añadir 400 nuevos catálogos de datos en *opencolorado.org* en septiembre, y conseguir que los gobiernos de dos condados del Estado de Colorado aprueben una directiva por el gobierno abierto.

Colorado Code for Communities trata de implementar una plataforma que pueda manejar cualquier persona sin tener que ser un especialista, ni que esté gestionada por un único colectivo" dijo Jason Lally, Capitán de esta brigada y Director del *Decision Lab* del grupo *Placematters*. "La tecnología no es un fin sino un medio para la solución de problemas de la comunidad en el siglo XXI. La única posibilidad de que tengamos éxito es si este esfuerzo es asumido por muchas entidades y particulares colaboradores."

En este *CityCamp Colorado 2012*, también se hicieron demostraciones de funcionamiento de otras aplicaciones desarrolladas durante el *hackathon* de *Colorado Code for Communities*, celebrado antes del evento. La primera fue *endpoint.co*, un sistema de normalización de datos que proporciona información sobre las características de un barrio de una ciudad. El propósito es la integración de datos, tales como datos de criminalidad, demográficos y otros en formato abierto que puedan ser usados fácilmente por los ciudadanos. "Tomamos grandes volúmenes de datos y los hacemos sencillos de usar y entender", dijo William Golde, un "evangelista informático" de *endpoint.co*.

La aplicación *OpenBike*, actualmente en fase de desarrollo, fue presentada por el programador Michael Lockwitz. Este programador ha creado una plataforma para solventar el problema de ausencia de información en el colectivo de usuarios de la bicicleta. Se trata de una plataforma interactiva que combina, en forma de datos abiertos, información general con datos específicos proporcionados por los propios aficionados sobre características de la rutas ciclistas como la seguridad, la belleza del paisaje o el grado de dificultad.

Volviendo a *Colorado Code for Communities* debo decir que se han marcado otros objetivos, ambiciosos pero alcanzables. Por mi parte, estaré atento a cómo continúan desarrollando su conocimiento y su pericia en materia de código y datos abiertos a lo largo del Estado de Colorado y más allá de sus fronteras.

3.2.- *CityCamp Honolulu*

Ha llegado el momento de que nos vayamos a la isla de Oahu, en Hawaii, para ver el impacto que el movimiento por un gobierno abierto está teniendo en el "Estado del *Aloha*". Primero veremos, por medio de una entrevista que le hice a Forest Frizzell, Subdirector del Departamento de Tecnologías de la Información de Honolulu, cómo se preparó el *CityCamp Honolulu,* y nos pondrá en antecedentes sobre los esfuerzos que se están realizando en la ciudad y en el Condado de Honolulu.

Después veremos cómo Honolulu montó en internet un

sitio web dinámico de preguntas y respuestas de ciudadanos denominado *Honolulu Answers* ("Honolulu Responde"). Este sitio web se realizó apoyándose, en parte, en los planteamientos de los amigos de *Code for America*, lo que en mi opinión que fue una excelente idea.

Por último haremos un resumen del *CityCamp Honolulu* y veremos algunos de los temas que se discutieron y también lo que se decidió para las siguientes etapas. Me quedé gratamente impresionado con la cantidad de actividades que estaban desarrollando para lograr un gobierno abierto, con el grado de compromiso que tenían los ciudadanos y con el alto nivel de conocimiento informático de los funcionarios del Departamento de Tecnología de la Información que era, en cierta medida, lo que permitía que se lograse gran parte de lo que se estaba poniendo en práctica.

3.2.1.- El Estado del *Aloha* y el gobierno abierto[40]

El día anterior a la celebración del *CityCamp Honolulu*, tuvo lugar un foro sobre los temas de la ciudad en el que surgieron 50 ideas, desde crear una aplicación de móvil para seguir las rutas de los autobuses hasta mostrar los ingresos por impuestos del Ayuntamiento y las líneas maestras de los gastos. Fue fantástico ver cómo los ciudadanos interactuaron, sugiriendo

---

40 Adaptado de *"Showing aloha through open government"* © 2011 *opensource.com*, publicado bajo licencia *Creative Commons Attribution-ShareAlike 3.0 Unported.*

los asuntos que eran importantes para ellos y dando los pasos para identificar temas que podrían ser de interés para su desarrollo en el *CityCamp* del día siguiente.

Antes del gran día, tuve la oportunidad de entrevistar a uno de los organizadores, Forest Frizzell, Subdirector del Departamento de Tecnologías de la Información del Ayuntamiento de Honolulu. Yo había conocido a Frizzell poco después de que los organizadores anunciaron la futura celebración de su *CityCamp*, y en aquella ocasión hablamos de la cantidad de complicaciones que lleva la planificación de un congreso abierto.

En esta entrevista, Frizzelli nos dio una panorámica de la situación del movimiento por un gobierno abierto en Honolulu. También nos habló de lo que esperaban conseguir con la celebración del *CityCamp*, y de muchas más cosas.

¿Cuál es la situación actual del movimiento por un gobierno abierto en Honolulu?

Hicimos un trabajo coordinado en 2011 para aportar ideas acerca de cómo llegar a tener un gobierno más abierto. La primera fruta madura que recogimos fue conseguir publicar toda nuestra información financiera. Los ciudadanos de Honolulu pueden descargarse los presupuestos del Ayuntamiento partida por partida en formato *cvs*. Tenemos un sistema *ERP* (*Enterprise Resource Planning*) totalmente integrado, por lo que la generación de estos informes es algo que se puede hacer con relativa rapidez. También publicamos todas las declaraciones juradas de patrimonio de todos los concejales.

Simultáneamente empezamos a hablar con los distintos departamentos sobre la conveniencia de abrir cuentas en *Twitter* y *Facebook*. Incorporar los medios sociales como instrumento de trabajo es algo a lo que lleva algún tiempo acostumbrarse, pero hay varios departamentos que han hecho una labor excelente con esas cuentas.

En 2011 hemos celebrado aquí en Honolulu los encuentros de la *APEC* (*Asia Pacific Economic Cooperation*), con 21 dignatarios de los Países del Círculo del Pacífico, entre ellos Rusia, China y los EE.UU. Tener que cerrar carreteras por motivos de seguridad en una ciudad como la nuestra, con un tráfico ya congestionado de por sí, suponía un serio problema a resolver, pero con la ayuda de *Twitter*, *Facebook* y *Nixle* (un sistema oficial de notificaciones usado por las Fuerzas de Seguridad) avisábamos con antelación de las carreteras o calles que iban a ser cortadas para que los ciudadanos tomasen vías alternativas y pudieran seguir circulando.

Próximamente vamos a poner en marcha un proyecto piloto con *City Sourced*, una aplicación web/móvil que permite a los ciudadanos a tomar fotos de cosas como baches o farolas rotas, e informar de ello.

¿Qué esperan lograr los organizadores con CityCamp

Honolulu?

Esperamos aprovechar la experiencia de los *CityCamp* como impulso para hacer más cosas. La primera es que los ciudadanos sepan que somos serios y que queremos que nos digan cómo podemos usar la informática de la forma más conveniente para que participen en la gobernanza de nuestra ciudad o para que sean más activos en sus asociaciones. También queremos que nuestras comunidades locales de programadores informáticos se involucren más, ayudándonos a crear más aplicaciones para uso de los ciudadanos.

La idea de que la información del gobierno esté en una página web es un concepto nuevo y llevará tiempo que se entienda totalmente y que los ciudadanos la usen. Creo que una vez que podamos mostrar una aplicación tangible como la que muestra las llegadas de autobuses en tiempo real u otra que muestre los momentos de recogida de residuos por barrios, la ciudadanos empezarán a comprender mejor el concepto de "datos abiertos".

Por último, Honolulu ha sido seleccionada como ciudad *Code for America* para su programa de becas en 2012. *CityCamp* será una excelente oportunidad para que recibamos de la ciudadanía sus sugerencias y para que podamos examinar y discutir las alternativas que tenemos para aprovechar esa oportunidad.

¿Cómo puede un ciudadano normal participar en

CityCamp Honolulu?

La primera forma sería sencillamente inscribirse y asistir. Hemos publicitado el evento de forma muy amplia con el mensaje de que *CityCamp* no es sólo para los informáticos de Honolulu sino también para todas las asociaciones cívicas, para los usuarios de los servicios del municipio, y para todas las personas con mentalidad abierta.

No hace falta ser un experto en informática para inscribirse en el *CityCamp* a través de la web, sin tener que ir al Ayuntamiento a hacer cola. Eso también supone emplear mucho más eficientemente el tiempo.

La voz del ciudadano medio es una pieza muy importante en nuestras iniciativas.

¿Qué es lo que más le ha sorprendido mientras organizaban y planificaban CityCamp Honolulu?

La mayor sorpresa ha sido el tremendo apoyo que hemos recibido de la organización *CityCamp*, que realmente ha sido abrumador. No hemos tenido que empezar de cero, simplemente hacer unos retoques aquí y allá para acoplar su esquema a nuestras necesidades.

También nos ha animado mucho el entusiasmo que este evento ha generado en la ciudadanía. Hemos sido capaces de captar patrocinadores importantes en un corto período de tiempo, lo que dice mucho de la disposición a colaborar en este tema por parte de personas e instituciones.

De igual modo, ha habido un buen número de ciudadanos que han dado un paso adelante y se nos han ofrecido a ayudar en la planificación del evento.

***

En la entrevista hemos visto como las iniciativas por un gobierno abierto en Honolulu están teniendo un despegue brillante, y ahora que sabemos un poco más de los esfuerzos realizados detrás del escenario en la ciudad y en el Condado de Honolulu para la realización del evento, veamos qué ocurrió en el *CityCamp Honolulu*.

3.2.1.- Desarrollo del congreso abierto

3.2.1.1.- Recuperación de la confianza en el gobierno[41]

Lo que realmente tuvo lugar en el primer *CityCamp Honolulu* fue la recuperación de la confianza de los ciudadanos en su gobierno. En un gran ambiente de colaboración y participación, los organizadores pidieron a los ciudadanos que generaran ideas para el proyecto *Code for America* en la ciudad de Honolulu. Gracias a la técnica *thinking design*, rápidamente se generaron diez temas novedosos.

Burt Lum, uno de los organizadores de *CityCamp*

---

41 Adaptado de "*Restoring trust in government*", © 2012 *opensource.com*, publicado bajo licencia *Creative Commons Attribution-ShareAlike 3.0 Unported*.

Honolulu, abrió la jornada con una breve explicación de la agenda y se encargó de mantener informados a los participantes de los diferentes actos que fueron teniendo lugar. El primer acto fue una mesa redonda formada por ponentes pertenecientes al Ayuntamiento de la ciudad, los cuales dieron información actualizada sobre las iniciativas que se estaban llevando a cabo y las que estaban previstas tanto en la ciudad como en el Condado de Honolulu. La mesa redonda incluía a Bruce Gordon, responsable del Departamento de Comunicación de la Ciudad y del Condado, a Forest Frizzell, Director Adjunto del Departamento de Información de la Ciudad y del Condado, y a Doug Chin, Director General de la Ciudad de Honolulu.

Frizzell explicó en su intervención las iniciativas que ya estaban en marcha, como *Can do Honolulu* ("Se puede hacer en Honolulu"), un portal en internet para uso de los ciudadanos. A continuación habló del *CityCamp* y del *hackathon* previstos para enero de 2012. El impulso de estos eventos va a servir para lanzar el programa de becas *Code for America* en febrero de 2012 y el proyecto *Open311* que habían adelantado para ese año.

Bruce habló sobre la idea de crear las condiciones para que los ciudadanos por sí solo fueran más operativos. Dijo que si los gobiernos puede implementar unas aplicaciones informáticas sencillas mediante las cuales, con un coste asumible por el Departamento de Tecnologías de la Información, se mejoraran los servicios, se ahorrará dinero y todo ello conducirá a que los ciudadanos comprometidos participen más en sus gobiernos.

Bruce también se refirió a la política de publicación de datos abiertos del Departamento de Tecnologías de la Información. Cuando se les piden datos abiertos, ellos los preparan y la ponen a disposición del público. "Si un medio de comunicación Z viene y nos pide una información, en lugar de dársela sólo a ese medio, la hacemos pública a través del sitio web *Can do Honolulu*, afirmó Bruce.

"Este es el auténtico cambio que planteamos y con el que estamos haciendo las cosas", dijo. "Este cambio de mentalidad es lo que está produciendo un progreso real hacia el gobierno abierto. Los departamentos de Tecnología de la Información municipales deben establecer políticas similares a ésta para proporcionar a los ciudadanos datos abiertos."

Después de la mesa redonda, se pasó al modo de congreso abierto y al término de la votación de los temas a discutir en el día, los asistentes se repartieron por las correspondientes salas para discutir sobre los cinco asuntos seleccionados. Por mi parte participé en la sesión sobre *S.W.E.E.T.S.: Surf, Weather, Emergencies, Events, Traffic, and Services* (Oleaje, Condiciones Metereológicas, Emergencias, Eventos, Tráfico y Servicios).

La idea que propusimos fue crear un sitio web que reuniera la información al respecto, procedente de todos los departamentos de la Ciudad y del Condado. Eso permitiría la obtención de datos en tiempo real y tomados *in situ*, y así mantener informados a los ciudadanos sobre lo que está sucediendo en este momento.

Después de una breve interrupción para almorzar, la segunda mesa redonda del día estaba dedicada a proporcionar otras perspectivas desde fuera de Hawaii. Los ponentes éramos Alissa Black, Ex-Directora de Relaciones Gubernamentales en *Code for America*, Steve Bretches, consultor de *IBM*, y yo mismo. Nuestro objetivo fue dar una idea a la audiencia de lo que estamos viendo en el resto de América del Norte y del mundo.

Black explicó las nuevas aplicaciones de *Code for America* como *Change By Us, Classtalk* y *Where's My School Bus*.

Bretches matizó la relación entre las tecnologías y las personas que las utilizan. "No se trata de un problema técnico en sí mismo, sino de usar la tecnología adecuada para caso, para los gobiernos, para los ciudadanos o para las empresas y, llegado el caso, para todos a la vez."

Por mi parte, hablé de lo que podríamos aprender del método del código abierto, como la creación de un ambiente participativo y receptivo que conduce a una cultura de transparencia y responsabilidad. También conté ejemplos lo que había sucedido en otros *CityCamp*.

En la segunda ronda de sesiones actué como moderador de una comisión sobre la forma de elaborar de forma más transparente el presupuesto del Ayuntamiento de Honolulu. Junto con los participantes resumimos lo más destacado de lo que actualmente está disponible para los ciudadanos e hicimos un esbozo de las cosas que se deberían tener claras a fin de hacer un presupuesto abierto y más asequible para todos. Con ese objetivo planteamos y analizamos diferentes casos y escenarios que se podían presentar.

3.2.1.2.- *Thinking design* y propuestas concretas

El último trabajo del día consistió en desarrollar las propuestas de las diez mejores ideas de la jornada que servirían como base al Programa de Becas de *Code for America* en Honolulu.

Los organizadores, por medio de un vídeo preparado por la Universidad Wagner de Nueva York, prepararon un breve resumen sobre cómo se aplica el método *thinking design* para discutir los temas de políticas públicas y de impacto social.

Thinking design se refiere al método para estudiar problemas poco concretos, recopilar información, analizar lo que se sabe, y plantear posibles soluciones. Es como una tormenta de ideas controlada que permite que se genere una gran cantidad de propuestas en un corto espacio de tiempo y a la vez asegura que predominen las mejores.

A continuación los participantes se dividieron en diez grupos diferentes para darle forma concreta a las diez mejores ideas surgidas durante el día que fueron las siguientes:

- *S.W.E.E.T.S.*

- Adopte-Un-Nodo-Wifi

- Llegada del autobús en tiempo real

- Normas API

- Ampliar los servicios en la web

- De desechos a tesoros

- Aplicación para encontrar y pagar un aparcamiento

- Aplicación para señalar y encontrar carriles-bici y rutas para bicicletas

- Ingresos y gastos de la ciudad (presupuestos transparentes)

- Lugares y hechos conmemorativos de la ciudad

Cada equipo profundizó en su tema. Algunos lograron hacer planes concretos de acción, mientras que otros sólo desarrollaron un esquema de la propuesta. Por último los equipos compartieron sus conclusiones en una reunión conjunta de todos los asistentes.

3.2.1.3.- Conclusiones

CityCamp Honolulu fue un gran éxito. Frizzell confesó al final del día: "Me siento abrumado. No puedo creer la cantidad de personas que han asistido. Hoy ha sido un gran éxito. Hemos recogido un montón de ideas con las que podremos trabajar, desarrollándolas nosotros mismos o en colaboración con la comunidad de programadores locales a través del programa de becas de *Code for America*. *CityCamp* ha sido muy práctico y hemos conseguido motivar a mucha gente".

A mí personalmente me causaron una excelente impresión los asistentes, las ideas surgidas y también los organizadores de *CityCamp Honolulu*. En la clausura, Frizell le encargó una misión a los "citycampistas", pidió a la comunidad a que le ayudaran a transformar la emotividad de un evento como *CityCamp* en algo real.

"¿De qué forma podemos motivar a los ciudadanos para que se impliquen?, se preguntó. No se trata de la aplicación informática, no se trata de que la información sea más o menos abierta, se trata de personas que toman un papel más activo en su comunidad."

¿Qué puede hacer un *CityCamp* para su comunidad? Como Frizzell señaló, "este tipo de evento sirve para involucrar a la comunidad local". Y yo añadiría que *CityCamp* también puede devolver la confianza en el gobierno. Las actividades y los proyectos que nacen de un *CityCamp*, hacen que los ciudadanos que creían que no tenían voz, vuelvan a involucrarse en el gobierno. Es dar a la gente una razón para participar y no quedarse sólo en criticar la situación actual.

3.3.- *CityCamp Kansas City*

Ahora nos iremos al Medio Oeste donde presenté y empecé a elaborar el concepto de una "ciudad de código abierto", a la vez que recogí muchas ideas de otras personas al respecto.

3.3.1.- Antecedentes y organización del evento[42]

Antes de asistir al *CityCamp Kansas City*, yo quería saber más acerca del nivel de desarrollo tenía el movimiento por un gobierno abierto en el Área Metropolitana de Kansas City, y aproveché la oportunidad que tuve para entrevistarme a Jase Wilson, uno de los principales organizadores, con el fin de conocer qué es lo que esperaban conseguir en el evento. Wilson es un emprendedor en empresas de asesoramiento y servicios informáticos para los ayuntamientos, centrados en sus relaciones con la ciudadanía, y Consejero Delegado de *Luminopolis.*

Háblenos, por favor, de CityCamp Kansas City

CityCamp Kansas City es sólo otro evento, esta vez en el

Área Metropolitana de Kansas City, de la serie *CityCamp* que con tanto éxito inició Kevin Curry y celebraron ciudades innovadoras como Raleigh. Lo nuestro también es un conjunto de participantes que de forma abierta presentan una serie de ideas y proponen las líneas maestras de la jornada aunque, cuando cuentas con altura de miras, todos los temas que surgen son acerca del civismo y la innovación.

¿Qué es lo que los organizadores esperan conseguir con CityCamp Kansas City?

Si contribuimos en algo a facilitar la colaboración entre los más de cien municipios de nuestra región, entre los programadores, los ciudadanos y los responsables de las asociaciones cívicas, el evento ya será un éxito. Queremos hacer caer en la cuenta de la importancia del código abierto, la publicación de datos abiertos y la colaboración entre los asistentes, y animarles a compartir sus temas en la red. Con nuestro *mini-hackathon*, esperamos demostrar que es posible aplicar esos principios a los temas sociales.

También queremos exponer a los asistentes unas cuantas líneas innovadoras de pensamiento de otras partes del país, y poner de relieve algunos de los excelentes trabajos que ya se están realizando en pequeños núcleos de nuestra región, para que con ellos otros puedan inspirarse y sumarse a la innovación cívica que ya está arraigando.

¿Qué pueden esperar del evento los asistentes?

Dado que se trata de un congreso abierto, la pregunta debería ser ¿qué espera el evento de los asistentes? Unas cuantas cosas:

- Descubrir - Vamos a exponer una serie de temas y actividades con los que estamos seguros de que la mayoría de los asistentes se irán sabiendo algo que antes no sabían.

- Discutir - Los temas y actividades en el evento no son aceptados o rechazados por principio. Los asistentes podrán escuchar otras líneas de pensamiento, y podrán tener la oportunidad para deliberar entre ellos, cada uno desde su perspectiva.

- Hacer - Después de una mañana de ponencias informativas y una pausa para almorzar en los alrededores, los asistentes podrán participar en un *mini-hackathon* sobre la aplicación *Bike Walk KC*.

¿Cómo consiguieron los organizadores involucrar a los funcionarios del Ayuntamiento?

Hemos sido agraciados con una nueva ola de funcionarios de mentalidad abierta, auténticamente interesados en mejorar el servicio a los ciudadanos a pesar de contar con recursos escasos. No hemos tenido que hacer nada especial. Los medios de comunicación social, el correo electrónico, los mensajes en algunas listas de distribución y, lo más importante, el boca a boca, nos ha permitido "cazar" a decenas de funcionarios locales de toda el Área Metropolitana. Contar con un par de atractivos ponentes como son los Alcaldes de Kansas City, Missouri, y Kansas City, Kansas, probablemente le ha dado credibilidad al evento.

¿Cuál es el ambiente por un gobierno abierto en el Área Metropolitana de Kansas City?

Emergente, y tomando un gran impulso por caminos inesperados pero muy gratificantes. El ambiente por un gobierno abierto definitivamente está creciendo más rápido ahora que hace un año. Por ejemplo, hemos ayudado a Kansas City, Missouri, y a Kansas City, Kansas, a que soliciten, de forma conjunta, ser elegidas para la próxima ronda del programa de becas de *Code for America* en 2013. El enorme entusiasmo que se genera con sólo hacer pequeñas cosas, prueba que el movimiento en el Área Metropolitana va por el buen camino.

Pensamos que contando con los ciudadanos que están a favor y con los que todavía no se lo creen, con los dirigentes y con las empresas que ya están ubicadas en la zona, podemos algún día incluso llegar a ser líderes del movimiento por un gobierno abierto. *CityCamp Kansas City* espera ser un catalizador para ello.

3.3.2.- El código abierto y el desarrollo del evento[43]

El primer del *CityCamp Kansas City* se celebró el 28 de abril y resultó ser la mar de ilustrativo, productivo y participativo. La mañana estuvo rebosante de sabiduría de código abierto, de intercambio de ideas y de charlas interesantes. El evento comenzó con 14 intervenciones relámpago de cinco minutos en las que, de forma resumida, se dio gran cantidad de información.

Más de 150 asistentes pudieron conocer la iniciativa *Google Fiber*, el mapeado de ciudades en tres dimensiones, qué era *SeeClickFix*, *Bike Walk KC*, *Open Missouri* y muchas más cosas.

A continuación, en mi presentación "Cómo el código abierto está cambiando el grado de compromiso de los ciudadanos" hablé sobre distintas experiencias habidas en Raleigh, basándome en la información recibida de distintas personas e inspirándome en el principio "enciende la imaginación, tanto la colectiva como la individual".

Pero realmente mi disertación tenía que ver con el viaje que supone para mí el camino hacia la ciudad de código abierto. Empecé contando mi entrevista centrada en el concepto de "gobierno abierto" con el ex-alcalde de Raleigh,

---

43 Adaptado de *"Sharing the open source journey with Kansas City"*, © 2012 *opensource.com*, publicado bajo licencia *Creative Commons Attribution-ShareAlike 3.0 Unported.*

Charles Meeker, y cómo la publicación de la misma condujo a la celebración del *CityCamp Raleigh*, a la puesta en marcha del movimiento ciudadano, y al despertar del anhelo por ese gobierno abierto.

También me referí a otros conceptos y realizaciones que ya he resaltado en capítulos anteriores de este libro como, por ejemplo, *Innovation Raleigh, SPARKcon, Walk Your City* y *Triangle Wiki*. Fue la primera vez que expuse algo que luego he repetido también en este libro, y que son las características de una ciudad de código abierto. Vuelvo a repetir las que enumeré entonces:

- Creación de un núcleo de empresas vinculadas al software de código abierto

- Captación de las principales conferencias sobre el código abierto y apoyo a los grupos de usuarios de software de código abierto

- Refuerzo de la cultura de código abierto existente

- Avance en el movimiento por un gobierno abierto

Compartir estas experiencias con otras ciudades y estados, es una excelente manera de demostrar que cada evento forma parte de algo de mayor trascendencia. Pero lo más importante es que pude enseñar la potencialidad del método del código abierto y de qué forma está cambiando el mundo. Coge una idea, dale forma, mejórala y compártela. Ese es el método del código abierto.

3.3.3.- Las mejores recomendaciones para organizar y celebrar un *CityCamp*[44]

Como hemos podido ver, lo que he aprendido acerca del gobierno abierto ha sido a través de mis experiencias en los *CityCamp*. Una forma de devolverle algo a cualquier comunidad de código abierto es aprender de sus experiencias, y otra ayudar con ellas a las demás. Esto es lo que yo he hecho a lo largo de mi viaje hacia la ciudad de código abierto.

Dada mi experiencia como organizador del *CityCamp Raleigh*, he invertido mi tiempo en ayudar a otros organizadores de *CityCamp*, pero siempre sobre la base de que no les iba a organizar su evento sino a ayudarles a que lo lograsen en menos tiempo.

Ayudar a otros organizadores puede suponer, normalmente, media hora de teléfono durante la que cuentas cómo lo hiciste y respondes a sus preguntas. Al final, como ayuda de futuros organizadores, he terminado por redactar algunos consejos básicos.

Una advertencia previa: si alguien quiere planificar la organización de un *CityCamp*, debe consultar la página *start a camp* en el sitio web *citycamp.govfresh.com*.

Después le recomiendo que siga estos cortos pero útiles

---

44 Adaptado de *"Five essential elements of an open government unconference"*, ©2012 *opensource.com*, publicado bajo licencia *Creative Commons Attribution-ShareAlike 3.0 Unported.*

consejos:

1. **Generar ideas antes del evento.** Organizar un congreso abierto, como es un *CityCamp*, es algo demasiado novedoso para muchas personas, sobre todo si se quiere que asistan personas de muy diferentes tipos: ciudadanos, funcionarios municipales, programadores, diseñadores, políticos electos, o cualquier otra persona interesada en el evento. Ese inconveniente se pueden superar recavando de los ciudadanos un conjunto de problemas que les afectan y preparando unas cuantas ideas para solucionarlos, y publicándolas antes de que tenga lugar el evento. Esto ayuda a la gente a ver la conexión entre la idea de un gobierno abierto y la forma en que ellos pueden participar. También les da una razón para asistir y, por otra parte, a los organizadores les da un motivo para invitar a las personas que consideren claves dentro del Gobierno Municipal para resolver tales problemas. La mayoría de los grupos que intentan organizar un *CityCamp* hace esto a través de la web, usando aplicaciones como *User Voice* o *Google Moderator*, que permiten puntuar a relevancia de los problemas o las sugerencias. La clave está en asegurarse de que en el evento se van a tratar temas que les sean próximos a las personas que asistan a él. Los organizadores, al inicio del evento, deben proponer al menos entre 3 y

5 de los temas más votados y asegurarse de que un grupo de asistentes va a proponer soluciones a los mismos.

2. **Involucrar a los funcionarios municipales que tengan relación con las sugerencias recibidas.** Una vez que se tiene unas cuantas temáticas, hay que invitar a participar a personas claves. Si se ha conseguido tener una sugerencia que despierta mucho interés por parte de los ciudadanos y que ha sido muy votada, hay que enseñársela al departamento del Ayuntamiento que pueda apoyarla y colaborar en hacerla realidad. Es importante que los funcionarios del Ayuntamiento participen ya que ellos no sólo tienen el acceso a la información sino que conocen además los inconvenientes con los que nos vamos a encontrar a la hora de intentar solucionar los problemas, o incluso pueden conocer otras alternativas que deban scr tenidas en cuenta. Con frecuencia los funcionarios quieren ayudar y les gusta colaborar con los "citycampistas" porque todos trabajan por un objetivo común y la mentalidad "nosotros contra ellos" está ya fuera de lugar. Este acercamiento a los funcionarios también hace que se incremente por su parte el sentido de la responsabilidad así como su interés en los asuntos. Gente nueva colaborando con con maneras distintas y creativas de enfocar los

problemas es algo novedoso para ellos. Mi experiencia me dice que si no se tiene un buen acceso a los funcionarios, los temas pueden sufrir retrasos y tardar más tiempo en solucionarse.

3. **<u>Documentar. Documentar. Documentar.</u>** Puede sonar como una cosa fácil de hacer y, en consecuencia poco importante, pero mi consejo básico es: <u>No dejen que la documentación llegue tarde</u>. El grupo organizador del *CityCamp Honolulu*, se puso en contacto con los estudiantes de periodismo de la Universidad de Hawai que les ayudaron a documentar cada sesión de trabajo, publicando las informaciones y los resúmenes de las mismas en la *wiki* del *CityCamp*. Eso supuso dos ventajas fundamentales. En primer lugar, las ideas y lo que se dijo en todas las sesiones se dieron a conocer a las personas que no podían asistir físicamente, lo que les permitió a éstos conectar más tarde con los que sí estuvieron, usando como referencia la documentación publicada. En segundo lugar, la participación de los estudiantes animó las sesiones y ayudó a que en los asistentes poco versados se familiarizaran más con la informática, las aplicaciones y los procesos. No hay que olvidar que los estudiantes son probablemente el sector de la población que con más frecuencia utiliza las redes sociales y las herramientas web y por otra parte, en la mayoría de las principales

universidades, los estudiantes ya han conectado de alguna manera con el código abierto. Además son los líderes del mañana y es importante invitarlos y que se incorporen a los *CityCamp*.

4. **Aportar una perspectiva externa.** En todos los *CityCamp* a los que he asistido siempre había alguien que venía de fuera de la ciudad. Eso fue muy valioso para *CityCamp Raleigh*, ya que ayudó a generar ideas alternativas y hacer cosas basándonos en lo que estaba sucediendo en otras ciudades y en otros *CityCamp*. Esta "polinización cruzada" de ideas es importantísima, y conforme más *CityCamp* se celebren más importante será. En el de Honolulu, yo fui una de las personas que aportó esa perspectiva externa, ayudando a los organizadores, desarrollando una tormenta de ideas con los asistentes, moderando las sesiones, y formando parte de una mesa redonda. El que asiste a un *CityCamp*, ya sea en su ciudad o fuera de ella, debe estar preparado para jugar diferentes papeles.

5. **Tener un plan de actuación para después del *CityCamp*.** Probablemente el *CityCamp* que cualquiera organice será un éxito, pero lo será mucho más si los asistentes pueden esperar algo en el futuro. Decida lo que decida hacer, creo que es importante establecer unos hitos, una serie de cosas o compromisos a llevar a cabo de forma regular en el tiempo y que mantenga

a la gente en contacto. Hay varias formas de hacer esto.

Antes de finalizar el campamento se debe tener una sesión para organizar las próximas etapas. Hay que encontrar algunas personas que quieran ayudar a seguir avanzando y que el movimiento local genere ideas para mantener el tema en marcha. Esto ayudará a encontrar personas nuevas para formar parte del comité de planificación y, a largo plazo, evitar que la gente se queme. Veamos algunos ejemplos:

- *CityCamp San Francisco* mantiene unos encuentros de seguimiento el tercer jueves de cada mes. También se organiza un *hackathon* en el que participan programadores y otros profesionales creativos con el objetivo de desarrollar recursos informáticos útiles para para la comunidad.

- *CityCamp Colorado* propuso en su primer año una "Directiva Local para un Gobierno Abierto". Durante la convocatoria del 2011 analizó las diferentes formas de ayudar a que se aprobase esa Directiva. En otras palabras, hay que conseguir que el campo de actuación de los proyectos se extiendan más allá del *CityCamp* y mantenga a los "citycampistas" motivados e involucrados.

- *CityCamp Raleigh* ha celebrado encuentros cuatrimestrales y ha puesto en marcha su *Triangle Wiki*. Este proyecto *wiki* ha permitido, tanto a los programadores informáticos como al resto de los ciudadanos, hacer contribuciones a una plataforma común de conocimiento, lo cual ha sido un medio fantástico de mantener involucradas a las personas ajenas al desarrollo de aplicaciones informáticas.

- *CityCamp Honolulu* expuso una línea de trabajo al inicio de su evento. Tenían planeado celebrar un *hackathon* y mantener su equipo una vez terminado su *CityCamp*, para participar en el proyecto de becas de *Code for America* que empezaría a continuación. Los organizadores Forest Frizzell y Burt Lum también se comprometieron a mantener encuentros mensuales. Es muy importante tener una hoja de ruta y un plan a seguir, y mostrárselo a los "citycampistas" para que sepan a dónde les va a llevar el viaje que van a emprender.

Creemos que estos consejos pueden ayudar a organizar con éxito un *CityCamp* en cualquier ciudad.

4.- La evolución de *CityCamp Raleigh*

He contado mis experiencias en los diferentes *CityCamp* a los que he asistido, y también he destacado el efecto catalizador que tuvo el primer *CityCamp* para la ciudad de Raleigh. Más de 200 asistentes, un montón de ideas y el compromiso por parte del Consejo de la Ciudad, de los funcionarios municipales y de los ciudadanos. A continuación apretamos el acelerador del movimiento ciudadano por un gobierno abierto y, apoyándonos en evento del 2011, tomamos impulso para el 2012.

No fue una sorpresa que el equipo de voluntarios que organizó el primer *CityCamp Raleigh* apoyara aún más si cabe el siguiente evento del 2012. Mejoramos la organización, aprendiendo de las pasadas experiencias, de lo que habíamos hecho bien y de lo que no habíamos hecho bien, cómo deberíamos tenerlo en cuenta para el próximo evento.

En esta sección hablaremos del ambiente en el que se desarrolló el segundo *CityCamp Raleigh*, comentaremos las jornadas así como los proyectos que participación en el *hackathon* y del proyecto ganador y su aplicación para los móviles, conocida como *RGrenway*. Por último explicaremos de que manera está evolucionando el colectivo *CityCamp Raleigh* hacia un grupo que intenta hallar puntos de encuentro entre las necesidades de nuestros ciudadanos y su gobierno.

4.1.- *CityCamp Raleigh 2012*[45]

4.1.1.- Cuando son los ciudadanos quienes convocan las reuniones con los políticos

Lo que comenzó con un voto unánime del Consejo del Ayuntamiento de Raleigh para adoptar una "Resolución por el Código Abierto", se va a convertir en un compromiso a largo plazo con el código abierto ¿Cuántas veces un concejal ha asistido a un evento organizado por los ciudadanos?, probablemente en alguna ocasión, pero ¿cuántas veces el Consejo en pleno de una ciudad ha participado en un congreso abierto?

Todos los miembros del Consejo del Ayuntamiento de Raleigh, incluyendo a la alcaldesa, asistieron a todo o a parte del *CityCamp Raleigh 2012*. Su asistencia no fue forzada, no habría sido políticamente correcto. Fue sincera y espontánea, e incluso muchos concejales se metieron a fondo en los programas mientras participaban en el *hackathon* cívico. Un hito en la historia de *CityCamp*

La alcaldesa de Raleigh intervino en una sesión en la que se analizó cómo se podría aplicar el conocimiento que se tiene acerca de los diferentes los niveles de salud existentes

---

45 Algunos de los siguientes apartados fueron primeramente publicados y con posterioridad adaptados de *"What Open Source can teach government officials"*, © 2012 *opensource.com*, publicado bajo licencia *Creative Commons Attribution-ShareAlike 3.0 Unported.*

en las distinta zonas de la ciudad, a la hora de llevar a cabo una planificación urbana.

"Lo que más me ha gustado del *CityCamp Raleigh* ha sido ver cómo tantas personas han invertido su tiempo y sus ideas, con lo que eso cuesta", dijo la alcaldesa Nancy McFarlane. "He visto de primera mano lo que es la colaboración al estilo del código abierto. Los esfuerzos de este fin de semana harán que nuestra ciudad mejore de forma sustancial."

El que la alcaldesa y todos los miembros Consejo de la Ciudad asistiera al *CityCamp Raleigh* era una demostración del compromiso con el código abierto. No sólo de forma unánime aprobaron la "Directiva por un Gobierno Abierto" en febrero, sino que tres meses después, de igual manera, acudieron y participaron en el *CityCamp*.

Cuando intervinieron los concejales electos parecía que estaba sucediendo algo mágico. Los ciudadanos estaban buscando resolver problemas y los concejales estaban formando parte de la solución, sentados de igual a igual en la misma mesa.

"Esto es inusual", comentó Kevin Curry, co-fundador de *CityCamp*. "Normalmente, cuando los concejales necesitan la opinión de los ciudadanos convocan a un pequeño grupo a una reunión o a un grupo de trabajo", comentó Curry, "por lo general, en la mitad de la jornada y en un oscuro edificio municipal, al que si no es por eso uno nunca se iría. En Raleigh se cambió totalmente la dinámica. La alcaldesa y los concejales han venido porque los ciudadanos querían saber lo que pensaba el gobierno, para ser ellos, los propios ciudadanos, los que resolvieran sus propios problemas."

Cuando, lógicamente, otros defensores del movimiento por un gobierno abierto de otras ciudades, me preguntaron cómo podían repetir este éxito y conseguir que sus concejales se involucrasen más en sus movimientos ciudadanos, no estaba muy seguro acerca de lo que debía contestarles. Esta fue la mejor respuesta que tuve: Crear una cultura del código abierto, lo que no es fácil y lleva su tiempo. Obviamente, el primer paso es invitar a los funcionarios a los eventos y explicarles antes lo que es el código abierto. Eso les permitirá asumir el compromiso e involucrarse.

4.1.2.- Desarrollo del evento

CityCamp Raleigh tuvo lugar del 1 al 3 de junio. El viernes 1 los "citycampistas" participaron en una mesa redonda donde los ponentes hablaban desde la perspectiva del gobierno. A continuación, en otra, se habló desde la perspectiva empresarial, y además se dieron una serie de charlas relámpago de cinco minutos de duración cada una. *Runtime Expectations*, un programa de entrevistas en directo sobre tecnología y programación informática en la emisora de radio *CodesbassRadio*, grabó todas las intervenciones y están disponibles en su *blog*.

Durante el evento, los asistentes documentaron tantas sesiones como pudieron en la página de los talleres del *Triangle Wiki*. Aunque el proyecto *Triangle Wiki* no formaba parte de este *CityCamp*, realmente fue uno de los mayores éxitos que tuvo el *CityCamp Raleigh*.

"*CityCamp* demuestra lo válidos e importantes que son los contenidos abiertos para la comunidad", dijo Reid Serozi, uno de los organizadores de *CityCamp Raleigh* y un entusiasta de *Triangle Wiki*, "casi todas las ideas finales de *CityCamp* se han incorporado al conjunto de contenidos de *Triangle Wiki*".

4.1.3.- Resultados del *hackathon*

Al final del evento, 10 equipos habían remitido el formulario requerido para competir por 3.500 € en el *hackathon* que tendría lugar durante el día siguiente, 3 de junio. Los proyectos que entraron en liza fueron estos:

- *Triangle search.-* una aplicación de código abierto para ayudar a encontrar información útil sobre la ciudad a partir de fuentes locales.

- *You've been towed.-* una aplicación para avisar cuando se necesita una grúa de remolque.

- *Priority 1.-* un plan en fase inicial para normalizar y animar a usar y acceder de forma abierta a las páginas del Gobierno Municipal.

- *RGreenway.-* una aplicación para móviles que muestra

los mapas de las vías verdes de la ciudad y permite saber dónde se encuentra uno y cómo ir a otra vía.

- *Community health score.-* una forma de calcular el impacto de la planificación urbana sobre la salud de la comunidad.

- *CitySeek Raleigh.-* un juego para móviles que anima a los usuarios a explorar lugares interesantes en Raleigh.

- *Welcome to RDU.-* un sitio web mantenido por ciudadanos para poner en contacto a personas del Triángulo con eventos, empresas y franquicias en la zona.

- *Augmented reality pictures.-* Una aplicación que proporciona una ventana al pasado, permitiendo al usuario tomar la misma posición que ocupó el fotógrafo cuando tomó las fotos.

- *QR code all the things.-* una aplicación que permite generar códigos QR para las páginas de *TriangleWiki.*

- *Raleigh retold.-* una aplicación que permite al usuario contar la historia de su vecindario mediante la recopilación de audios, vídeos y otros contenidos multimedia.

Las diez presentaciones fueron muy interesantes, con las ideas muy claras y bien definidas. Como parte del jurado que fui, puedo dar fe de que fue difícil elegir un ganador. Pero al final, un equipo se impuso a los demás. Tal vez fue la simplicidad de la idea, o quizás porque la aplicación combinaba los datos *GIS* de la ciudad y con otras aplicaciones ya disponibles y bien conocidas para crear algo relacionado con lo que a los ciudadanos tanto les gusta y tanto usan: nuestras vías verdes.

El equipo ganador hizo la presentación de su aplicación *RGreenway*. Los mapas ya estaban disponibles y el problema que resolvía era simple: cómo conectar un usuario a otras rutas y proporcionar *feedback* a la ciudad mientras está usando la vía verde. Además, habían incorporado otros componentes como mapas de las zonas de aparcamiento y la aplicación *SeeClickFix*, de forma que el usuario pudiera avisar si veía una anomalía (que no fuera una emergencia), como una pintada, un árbol caído o un banco roto.

Durante las semanas y los meses siguientes a *CityCamp Raleigh 2012*, el equipo ganador ha continuado trabajando para mejorar su idea y ha puesto a punto una aplicación para las plataformas *iPhone* y *Android*. Me siento realmente orgulloso de los esfuerzos realizados por Lorena Akins, Patrick Granivese, Brad Johnson, Eric Majewicz, David Matthews y Traci Tillis. Ellos, junto a *CityCamp Raleigh*, han creado una maravillosa aplicación para nuestra comunidad. Una aplicación que está ayudando en crear "la zona verde más inteligente de América".

4.1.4.- Conclusiones

Una cosa que me llamó la atención fue la asistencia de los estudiantes del Laboratorio de Diseño Gráfico de la Universidad Estatal de Carolina del Norte. Tres de los cuatro equipos que vinieron, se situaron entre los cinco primeros de los diez proyectos seleccionados.

Uno de nuestros objetivos como organizadores era que acudieran la mayor cantidad posible de jóvenes y estudiantes. Logramos ese objetivo incorporando a los estudiantes que se mostraron muy dispuestos a colaborar en *CityCamp*.

Otro tema satisfactorio del fin de semana fue el número de menciones y referencias a *Triangle Wiki*. Los asistentes usaron *Triangle Wiki* para documentar sus sesiones y proyectos y los organizadores lo están utilizando para hacer el seguimiento de los progresos de todos los equipos.

Comparado con el año pasado, hemos tenido más participantes, mejores ideas, y más equipos capaces de desarrollarlas. Ahora contamos con un mayor impulso para hacer que los proyectos avancen, mejoren y se conviertan en una realidad.

Cuando todo el Consejo de tu ciudad asiste a un congreso abierto, eso indica su compromiso con el código abierto y el concepto de "gobierno abierto". Ver aquello fue muy gratificante para mí como organizador, y lo es todavía más por el hecho de que todos los asistentes reconocieron su importancia.

Raleigh está sin duda acelerando su marcha para convertirse en una ciudad de código abierto. El método del código abierto está cambiando el mundo. En Raleigh, además, lo están haciendo los concejales elegidos por la ciudadanía, y los ciudadanos están consolidando el movimiento por un gobierno abierto. El código abierto y gobierno abierto son ya parte de nuestra cultura.

En la otra cara de la moneda, hay cosas que deben mejorarse. Como organizador de *CityCamp Raleigh*, creo que después del evento podríamos haber hecho un trabajo mejor fomentando más las ideas más importantes y el proyecto ganador *RGreenway*. El contar con personas con ideas y capacidad para desarrollarlas es algo muy importante para el futuro y hay que ir incorporándolas. De forma natural los organizadores de eventos como éstos "se queman", por eso es fundamental programar de forma adecuada conversaciones y reuniones de seguimiento con el equipo ganador y con otros grupos que quieran seguir desarrollando sus ideas.

Cuando el viento en las velas de los organizadores pierde fuerza a la hora de plantearse organizar un nuevo evento, son las personas de los equipos que desarrollan ideas tan impresionantes con *Rgreenway* o *Community Health Score*, las que realmente mantienen el empuje.

De hecho, el equipo de este último proyecto, que ha

sido rebautizado como *CityShape*, se ha presentado a *Mayors Challenges* organizado por *Bloomberg Philantropies*. Comentaremos con más detalle el proyecto *CityShape* en el capítulo VII. Afortunadamente, tanto *RGreenway* como *CityShape* continúan adelante.

Los organizadores de *CityCamp Raleigh* están contemplando nuevos caminos para remodelar y mejorar la organización. Yo he sugerido que *Code for America Brigade* es el siguiente paso lógico en nuestra progresión. Hablaremos de ello a continuación.

4.2.- La transición al futuro

CityCamp Raleigh ha tenido un éxito absoluto como catalizador para el movimiento por un gobierno abierto en la ciudad, y además está evolucionando para ser algo más que un evento centrado en el código abierto de tres días que se celebra una vez al año.

Los organizadores han tratado de hacer diferentes cosas como celebrar encuentros y publicar *blogs* para ampliar la influencia de *CityCamp* y mantener el pulso del movimiento por un gobierno abierto en Raleigh durante todo el año. Estos esfuerzos han tenido distintos niveles de éxito.

Cuando conocí lo que era el programa *Code for America Brigade*, me pareció que era la natural progresión de nuestro *CityCamp*, sin embargo uno de los retos a los que se enfrentaba el equipo de planificación de *CityCamp Raleigh* era atraer a más programadores. Siempre habíamos querido integrar a todos los ciudadanos pero teníamos que hacer un esfuerzo para atraer a los programadores.

Yo creía que en el área del Triángulo debía de haber un montón de informáticos con experiencia y programadores que estuviesen interesados en temas de gobierno, pero despertar la preocupación cívica de los *hackers* siempre ha sido difícil, y debemos reconocer que no supimos encontrar una forma para atraer a los *hackers* cívicos a nuestros eventos.

Los capitanes de nuestra brigada decidimos tomar el camino de cambiar de nombre a nuestro grupo y pasar a llamarnos *Code for Raleigh* intentando atraer a más programadores a nuestra proyecto. Y pareció que habíamos tenido cierto éxito durante la *Race for Reuse* para la implementación de la aplicación *Adopt-A-Shelter*. Tres programadores voluntarios se unieron a nuestra brigada y empezaron a analizar el código fuente en que estaba programado *Adopta*. Hicimos una lista de aspectos a cambiar para hacerlo más atractivo, y nos organizamos para llevarlos a cabo.

Sin embargo llegamos a la conclusión de que estábamos en un punto de transición. La idea de que la brigada *Code for Raleigh* fuera la forma de organizarnos, tal vez no era la más adecuada para nuestra ciudad. Nuestro dilema estaba en elegir entre tener una estructura integrada en nuestra brigada o seguir trabajando de la forma en que lo habíamos estado haciendo en los dos últimos años. No hay que olvidar que nosotros somos simplemente un grupo de voluntarios movidos exclusivamente por nuestro entusiasmo.

El equipo de planificación estudió varias opciones. Una de ellas era formar otro grupo que se encargara de controlar todo bajo una única organización. Sería básicamente el mismo grupo de personas pero estructurado como una "organización paraguas" que se responsabilizaría de la organización del *CityCamp Raleigh* anual, de apoyar la brigada Code for Raleigh y del programa *Triangle Wiki*, tutorizar iniciativas como *RGreenway*, *CityShape* y otras que puedan surgir en el futuro. Naturalmente todo ello en el ámbito del movimiento por un gobierno abierto generado en el evento *CityCamp*. Pero no hemos conseguido un grupo que sea capaz de coordinar todos esos trabajos.

La parte más curiosa del tema de nuestra transición es que todos estos problemas se nos han planteado porque hemos tenido éxito. Cualquiera que sea la decisión que tomemos será una buena decisión. Somos un grupo de gente muy eficaz en la organización de equipos de trabajo y soy optimista en que encontraremos el camino para avanzar y progresar.

Otra jornada interesante tuvo lugar en febrero de 2013 con la celebración del evento *Cary Open Data Day*[46]. En él los

---

46 Cary es un municipio de 100.000 habitantes situado en la región del Triángulo en el Área de Raleigh.

capitanes de la brigada de Raleigh, ante 80 asistentes, explicamos los trabajos que habíamos hecho en nuestro equipo, y les dimos unas recomendaciones acerca de cómo debían organizar su propia brigada. Asistieron ciudadanos y concejales de las ciudades y pueblos de los alrededores del Área Metropolitana de Raleigh, incluyendo las de Cary, Morrisville y Durham.

Cada localidad está interesada en formar una brigada de *Code for America,* pero la mejor oportunidad que se nos presenta es unirnos todos y formar una división de *Code for America* y trabajar todos juntos a lo largo y ancho de toda la región del Triángulo.

Capítulo VII: Raleigh: El Futuro de una Ciudad de Código Abierto

El futuro de Raleigh como ciudad de código abierto es prometedor e ilusionante a la vez. Tenemos la fortaleza de nuestra cultura participativa que lidera y da la mayor importancia a los principios del código abierto, y a los movimientos por un gobierno y unos datos abiertos, algo que, por otra parte, se está extendiendo por todo el planeta.

Nuestros concejales y funcionarios municipales, particularmente los del Departamento de Tecnologías de la Información, están comprometidos con el código abierto y saben del valor de la publicación de datos abiertos. Todo esto en conjunto hace que el futuro económico de Raleigh pueda fructificar con nuevas empresas y emprendedores de ideas innovadoras que den lugar a mayor generación de riqueza.

Si Raleigh continúa fomentando el entusiasmo de colectivos y asociaciones, no hay ninguna razón para que no siga siendo un fantástico lugar para vivir, trabajar, aprender y disfrutar.

Colectivos en todas partes se agrupan para compartir su entusiasmo por lo que les gusta hacer. Si estos grupos y otras organizaciones eligen asistir a los eventos que se celebran en Raleigh, lo cual supone una fuente adicional de ingresos, es debido a la calidad de nuestras instalaciones y las atenciones que reciben de la ciudad y de los organizadores de eventos.

Pero, ¿qué le reserva el futuro a Raleigh como ciudad de código abierto?

Primero me gustaría transcribir una conversación que mantuve con Gail Roper, responsable del Departamento de Tecnologías de la Información del municipio, y después nos centraremos en algunos de los proyectos que actualmente se están desarrollando en la ciudad y del impacto que pueden tener en nuestra cultura, y como consecuencia, en el desarrollo de la marca Raleigh como ciudad de código abierto.

1.- La iniciativa *Open Raleigh*

Gail Roper, responsable del Departamento de Tecnologías de la Información del Ayuntamiento de Raleigh, es partidaria de completar lo que nos falta desde un punto de vista digital y, por otra parte, tiene una nueva visión sobre la ciudadanía y sobre su papel como responsable de su departamento. Sus puntos de vista y sus ideas son vitales para entender el futuro de Raleigh como ciudad de código abierto. Veamos lo que tiene que decirnos.

¿Por qué Open Raleigh es una iniciativa tan importante?

La información es cada día más necesaria para tomar decisiones y hacer análisis predictivos. Conseguir una mayor apertura del gobierno y más participación de la ciudadanía se logrará antes haciendo que la información sea más entendible tanto por los ciudadanos como por el personal del Ayuntamiento.

La plataforma *Open Raleigh* promueve la implementación de programas que pueden reducir costes operativos y aprovechar las oportunidades que se presenten trabajando en común con los demás departamentos.

Open Raleigh enfatiza el acceso a internet y a las aplicaciones que permitan que la información esté disponible al público. Esta es la fuerza que mueve el desarrollo económico, las iniciativas emprendedoras y la educación.

Tras conseguir la aprobación de la Resolución por el Código Abierto por parte del Consejo del Ayuntamiento de Raleigh, ¿cuáles han sido los temas más difíciles que han tenido que superar?

El aspecto más desafiante es la concienciación de la comunidad y explicar los objetivos de forma clara. Definir los conceptos que giran en torno al código abierto, los datos abiertos y el gobierno abierto de forma que refleje los beneficios que conllevan, nos obliga a replantearnos el mensaje de forma continua. Tampoco ha sido fácil el encontrar y contratar personas con la suficiente preparación como para hacer posible el desarrollo de los modelos que permiten compartir los datos. El tenerlas trabajando con nosotros ha sido vital.

¿Qué es lo que más le ha sorprendido desde que lanzaron la plataforma Open Raleigh?

Me han sorprendido gratamente la cultura de los datos abiertos, del código abierto e, incluso, de la comunidad de redes abiertas. En esa cultura se combina el conocimiento informático con el deseo de compartirlo a fin de mejorar el nivel de conocimiento entre los ciudadanos. Creo que nuestra forma de vida está cambiando porque se están quitando barreras a la información.

Nosotros queremos que Raleigh sea la ciudad más abierta, desde un punto de vista informático, de los Estados Unidos. Eso significa que necesitamos centrarnos en poner al alcance de los ciudadanos, sistemas y datos que permitan su participación en las actividades económicas a través de la web.

También supuso una sorpresa y una alegría recibir el apoyo de los responsables municipales, de la alcaldesa y del Consejo, así como de la comunidad empresarial.

¿En qué punto de su hoja de ruta por un gobierno abierto se encuentra Raleigh y qué podemos esperar al respecto los ciudadanos en 2013?

Lo primero que hemos hecho ha sido contratar un Director del Programa de Datos Abiertos para que establezca una estrategia y dirija, siguiendo los principios del código abierto, a un equipo de profesionales que tengan entusiasmo por su trabajo y valoren lo que pueden aportar a la ciudad.

La cultura del código abierto en nuestro portal de internet, *Open Raleigh*, está siendo entendida por los ciudadanos y, por tanto, las decisiones tomadas están dando resultados.

Hemos establecido unas líneas prioritarias en nuestra estrategia para el suministro de datos abiertos y continuamente estamos mejorando el portal. Hemos desarrollado y seguimos desarrollando un conjunto de conceptos en relación con la arquitectura informática que continuará haciendo que el portal sea más participativo, que sirva como catálogo de datos, y que, de forma compatible con la legislación vigente, permita el desarrollo de negocios en general.

¿Qué futuro le espera a Raleigh como ciudada de código abierto?

Estamos promocionando a Raleigh como una ciudad abierta de forma total. Queremos encontrar caminos innovadores para incrementar el desarrollo económico por medio de una infraestructura informática avanzada, promocionando las iniciativas informáticas de los jóvenes, el conocimiento y la innovación en materia de código abierto.

Nuestro objetivo es hacer nuestra la adopción del concepto de "innovación abierta", y ser los primeros en ocupar ese espacio con la colaboración del sector privado. Raleigh está preparada para este tipo de innovación y estamos ansiosos de desarrollar nuestra hoja de ruta con una estrategia innovadora.

De cara a los ciudadanos, durante el primer y segundo

trimestre de 2013 vamos a dar a conocer otras soluciones innovadoras con nuevas iniciativas de código y datos abiertos. Sabemos que para ser una ciudad de código abierto de forma global, tenemos que ser innovadores y también cambiar la mentalidad de nuestros funcionarios.

2.- Algunos proyectos en desarrollo

2.1.- *CityShape*. Una ciudad más saludable gracias al compromiso con los datos abiertos

Uno de los temas más interesantes que surgió del *CityCamp Raleigh 2012*, fue la idea que desarrolló el equipo del proyecto *Community Health Score*, que ahora se llama *CityShape*, para puntuar el nivel de salud de una ciudad o de un barrio. Presentaron una fascinante concepción que relacionaba el nivel de salud de una ciudad con el modelo de urbanización implantado.

La idea fue expuesta en el *CityCamp* por Russ Stephenson, concejal de la ciudad, quien abogó por un Raleigh más sano por medio de un plan de urbanismo basado en disponer de toda la información posible relacionada con la salud en condiciones abiertas. Un grupo en el que participaba Nancy Mcfarlane, alcaldesa de Raleigh, se reunió para discutir la idea durante la mayor parte del día y formaron un equipo con el objetivo de planificar una ciudad mejor, y realizar poco a poco mejoras a través de la informatización de los índices de salud de los ciudadanos en las distintas áreas urbanas.

Durante la competición final del *CityCamp*, un equipo desarrolló una idea y presentó un modelo de programa que, aunque no se llevó el gran premio, se centraba en un tema lo suficientemente interesante como para entrar en el torneo *Mayors Challenge* organizado por la Fundación *Bloomberg Philanthropies*.

El último torneo *Mayors Challenge* se convocó el 13 de junio de 2012, y fueron invitados a participar 1.300 proyectos de ciudades de los Estados Unidos con más de 30.000 habitantes. El objetivo de estos certámenes es motivar a las ciudades de América a que generen ideas innovadoras que resuelvan problemas importantes y mejoren su calidad de vida.

Aunque el proyecto es un poco complejo, en resumen la idea de *CityShape* es mejorar el nivel medio de salud de nuestra comunidad usando un diseño basado en disponer de datos abiertos, fundamentalmente relacionada con la salud y con los aspectos urbanísticos. Es como si mezclásemos la información disponible en *Walk Score* con la de *Bike Score* y la integrásemos en los mapas *GIS* para diseñar un modo inteligente de mejorar la salud de nuestros ciudadanos.

Una aplicación similar a *ClickSeeFix* permitiría a los ciudadanos, a las asociaciones de vecinos, y a los grupos de planificación municipales, aportar información para construir

278

un catálogo de datos con las fortalezas y debilidades del nivel de salud de la comunidad.

Con aplicaciones del tipo *Heat Maps* o similares, combinadas con el *GIS* y otros datos de la ciudad se puede tener una aplicación fácil de visualizar para los ciudadanos, planificadores y concejales a fin de que puedan tomar decisiones bien documentadas sobre futuros desarrollos urbanísticos. Y también ayudar a los funcionarios del Ayuntamiento y a los promotores urbanos a decidir dónde construir centros sociales, aceras o carriles bici.

De forma alternativa esto podría llevar a algo como un programa *Bike Share*, y, por qué no, unir a este programa el de *Walk Raleigh*. Las posibilidades son infinitas.

La alcaldesa Mcfarlane inscribió oficialmente a Raleigh en el torneo *Mayors Challenge* en julio de 2012 y, aunque el proyecto no llegó a la final, la idea continúa siendo desarrollada por el equipo que surgió en el *CityCamp Raleigh 2012*.

Yo creo que la idea de *CityShape* tiene muchas posibilidades de ser candidata al próximo programa de becas de *Code for America*. Si Raleigh fuese elegida como ciudad *Code for America* con este proyecto, el equipo podría desarrollarla como una aplicación de código abierto para después poder ser implementada en otras ciudades de los Estados Unidos. Esta aplicación podría cambiar la forma en que las ciudades se desarrollen físicamente en un futuro, haciendo que nuestros ciudadanos tengan un mayor nivel de salud. *CityShape* podría conseguir poner en forma tanto a los ciudadanos como a las ciudades, en tanto que se disponga de un sistema de datos abiertos.

Esta es una de las maneras en la que una ciudad de código abierto como Raleigh podría influir en el futuro y tener un impacto positivo en el conjunto de la sociedad.

2.2.- *Raleigh City Farm*: Un huerto urbano con raíces en el código abierto

Otra iniciativa que ya ha empezado a mejorar la salud de la comunidad de Raleigh es el movimiento por los alimentos locales. *Raleigh City Farm* (La Huerta Urbana de Raleigh) está apoyándose en una versión sencilla del modelo de recursos para reducir el proceso y acortar el tiempo desde que se obtiene el producto fresco hasta que llega a la mesa del consumidor. El modelo se basa en producir y almacenar el producto en la localidad y distribuirlo en sus mercados.

Raleigh City Farm es una huerta urbana que trabaja bajo el concepto de empresa social. Oficialmente es una organización que trabaja sin beneficio pero que funciona con un modelo mixto de economía, ya que pretende ganar dinero para auto-financiarse sin tener que depender de subvenciones o donaciones. Consigue recursos económicos con la venta de sus productos e impartiendo talleres de trabajo para la comunidad.

Raleigh City Farm es un espacio de tierra planificado y dirigido por un agricultor, y cuidado por un grupo de voluntarios. El huerto ocupa media hectárea (5.000 m^2), está situado en pleno centro de la Zona de Negocios de Raleigh y supone una fantástica conexión con el medio rural para los que viven en un entorno urbano. Pero lo realmente importante es que produce productos frescos para la ciudad.

Ryan Finch, directora de *Raleigh City Farm*, dio una charla en *TEDxRaleigh* en noviembre de 2012 acerca de los huertos urbanos en la que mostró su ilusión y entusiasmo por la idea y por el movimiento por los alimentos locales enfatizando la importancia de la comunidad, un tema que empieza a basarse en los principios del código abierto. "La huertas no producen, son las personas", dijo en su charla. Finch atribuye el rápido éxito de *Raleigh City Farm* a la colaboración entre los participantes voluntarios y la comunidad.

Cuando comenzó la huerta, los estudiantes de una universidad cercana cortaron y apilaron la hierba. Un tienda de bicicletas de la ciudad ayuda a entregar los productos, y restaurantes cercanos compran lo que se produce. Incluso las populares furgonetas que venden productos alimentarios por los barrios, están notando la creciente demanda de sus productos frescos. Concretamente las camionetas de *LoMo Market*, que son como un mercado ambulante de frutas y verduras frescas de las huertas y granjas de la zona, ya están vendiendo los productos de *Raleigh City Farm*.

La colaboración es uno de los principios del código abierto en los que Finch se está apoyando en *Raleigh City Farm*. Ella está buscando formas de colaborar con otros proyectos locales para producir alimentos, celebrando eventos formativos, dando charlas motivadoras y realizando visitas a la huerta, así como acogiendo la participación de voluntarios. También tiene previsto preparar una documentación para poder compartir todas sus experiencias con fines educativos.

En el mundo del código abierto, con frecuencia hablamos del poder que tienen los colectivos. *Raleigh City Farm* está apostando por una aproximación de código abierto para crecer como comunidad e incluso para ser un núcleo de comunidades, ya que la huerta está induciendo otros desarrollos paralelos. Un restaurante, una panadería y otros artesanos locales planean trasladarse a un pequeño centro comercial actualmente vacío, cercano a la huerta.

La colaboración que antes mencionábamos y el apoyo de los voluntarios y de la comunidad local, están ayudando a que este tipo de agricultura respaldada por la comunidad, crezca hacia nuevos objetivos.

2.3.- Solicitud de Propuestas vs. Solicitud de Colaboración

Si está Ud. familiarizado con algún tipo de proceso de adjudicación de contratos por parte del gobierno, sabrá que normalmente implica una "Solicitud de Propuestas" o RFP (*Request for Proposal*). Sin embargo, con la disminución de los ingresos y la limitación de los recursos, la perspectiva de los "Acuerdos de Colaboración y Finalización de Trabajos" puede ser el futuro. Creo que el proceso tradicional de Solicitud de Propuestas puede cambiar y adaptarse para convertirse en un proceso de Solicitud de Colaboración.

Es evidente que los gobiernos, ya sean municipales o provinciales, tienen que invertir necesariamente su dinero y sus recursos en proyectos y programas informáticos, pero ¿por qué desarrollar un nuevo portal de información, una plataforma *ERP*, o cualquier otro proyecto informático, de manera específica para un organismo oficial en particular?

Estamos tirando el dinero de los impuestos de los ciudadanos duplicando los trabajos a causa de las fronteras y las barreras establecidas por los políticos. Y en muchas ocasiones esos proyectos o programas tiene requisitos similares y sirven para lo mismo. Todo es por el control pero, como ciudadanos, necesitamos empezar a darnos cuenta de este despilfarro y exigir a nuestros gobiernos que empiecen a buscar colaboraciones en tecnologías de la información en vez de duplicar los mismos sistemas una y otra vez.

El código abierto ofrece una gran oportunidad para evitar esta duplicación. Si una ciudad, un pueblo o una provincia implementa una solución de código abierto, otras ciudades pueden volver a emplear la misma solución sin coste. Con el tiempo, podemos contar con comunidades de desarrollo y mantenimiento de software de código abierto alrededor de estos proyectos. Mire cómo el sector privado desarrolla y utiliza el software de código abierto. Los recursos de una variedad de compañías crean proyectos como *Linux*. Ninguna empresa es propietaria de *Linux*, pero detrás hay una comunidad potente. No hay razón por la que nuestro gobierno no deba reproducir el proceso del código abierto y echar abajo las tradicionales barreras políticas que incrementan el coste de la tecnología dedicada a proyectos innovadores.

Un futuro donde la entidades oficiales busquen la colaboración entre ellas, no sólo ahorraría dinero de nuestros impuestos sino que también mejoraría nuestra experiencia como ciudadanos. La ciudades y los pueblos con recursos limitados en tecnologías de la información podrían aprovechar soluciones de código abierto ya desarrolladas. Esto es lo que pretende conseguir el programa *Code for America Brigade* con las brigadas formadas por ciudadanos. Ahora sólo necesitamos que algunos de nuestros concejales y departamentos de Tecnologías de la Información se den cuenta de las ventajas de la nueva "Solicitud de Propuestas" y establezcan aquellos acuerdos de colaboración que remodelen el panorama de las tecnologías de la información en en ámbito gubernamental.

3.- ¿Qué es lo siguiente en Raleigh?

Como dijo Gail Roper, responsable del Departamento de Tecnologías de la Información de la ciudad de Raleigh, "Estamos promocionando Raleigh como una ciudad abierta de forma global".

Hay una serie de iniciativas informáticas que saldrán a la luz a partir del 2013 y, en mi opinión, creo que veremos un tremendo avance en el portal de datos abiertos de Raleigh, y comenzaremos a ver innovación cívica procedente del sector privado.

Existe la posibilidad de albergar el *CityCamp North Carolina* en Raleigh. El equipo de *CityCamp Raleigh* ya ha entablado conversaciones para ver cómo podría ser ese evento. Nosotros lo vemos como un evento doble. Por un lado se podría dedicar a enseñar a los asistentes el modelo *CityCamp* de forma que pudieran replicarlo en sus respectivas ciudades, para generar ideas, fomentar la colaboración, y animar a sus ciudadanos a que se involucren en sus gobiernos municipales. Y por otro lado podríamos empezar a abordar cuestiones a nivel estatal con las agencias y departamentos a través de discusiones dirigidas por ciudadanos. Esta sería una forma de que el concepto de "Petición de Colaboración" empezara a romper barreras y de que se formasen comunidades de código abierto a lo largo del Estado.

La política de datos abiertos también va a jugar un papel importante en este concierto. Un "Festival Regional de los Datos" organizado desde la iniciativa federal *data.gov* se va a celebrar Raleigh en 2013. Será interesante ver cómo el tema funciona a nivel local, pero más importante aún será ver cómo los ciudadanos y las empresas usan las nuevas catálogos de datos que esta iniciativa va a poner a su disposición.

Otro tema interesante es ver cómo continúan evolucionando eventos como *SPARKcon, Maker Faire y CityCamp*, entre otros. El código abierto ha jugado un papel fundamental en el modo en que estos colectivos entusiastas han colaborado y compartido sus conocimientos.

Por otro lado es importante tener en cuenta que 2013 es año de elecciones al Ayuntamiento de Raleigh. No sabemos quienes se presentarán a la reelección ni quienes al final ganarán un asiento en el Consejo, pero una cosa es cierta, algunos escaños estarán ocupados por personas que no asistieron al *CityCamp Raleigh* del pasado año. Algunos de los nuevos elegidos no entenderán los beneficios del código abierto y puede que además no apoyen una mayor apertura en el gobierno. Por eso son tan importantes estos movimientos originados y controlados por los ciudadanos. Con el fin de sobrevivir a los ciclos electorales, los ciudadanos son los que tiene cambiar la forma de gestionar del Ayuntamiento e incrementar su presencia en la gobernanza. Si un gobierno abierto y la publicación de datos abiertos son importantes para que el ciudadano viva mejor, entonces como ciudadanos debemos tomar las riendas y no permitir que estos movimientos fracasen después de las próximas elecciones. Es la única manera que tenemos de progresar en nuestro objetivo de más apertura.

En este momento pienso que es correcto decir que Raleigh es una ciudad de código abierto. Viendo nuestra cultura, la política gubernamental, el apoyo a los grupos de usuarios de software de código abierto y sus eventos, y los esfuerzos para incrementar el desarrollo económico, podemos decir que entre todos hemos puesto los cimientos de una ciudad de código abierto.

El camino para conseguir el sello de ciudad de código abierto ha sido desbrozado y se han puesto los cimientos. El futuro es construir sobre esos cimientos una ciudad abierta a la innovación que haga de Raleigh una ciudad líder en materia de código abierto y en conseguir más apertura en su gobernanza.

Hay una cosa que me gustaría recordar tras todas estas experiencias narradas. El código abierto está cambiando el mundo y si uno quiere ser parte del cambio, lo único que tiene que hacer es participar.

¿Qué es lo que hará, querido lector, para transformar su comunidad en una ciudad de código abierto?

Acerca de los traductores:

José Ramón Landeras, Langreo 1970, es licenciado en Filosofía y Ciencias de la Educación por la Universidad de Oviedo y Técnico Superior en Desarrollo de Aplicaciones Informáticas.

José Enrique Myro, Sevilla 1946, es Ingeniero Industrial por la Escuela Tecnica Superior de Ingenieros Industriales de Madrid. Durante sus cuarenta años de vida profesional ha trabajado en diversos sectores industriales así como en Comercio Internacional. Durante los últimos quince años su labor se ha concretado en llevar a cabo implataciones a escala industrial de temas de Investigación y Desarrollo. Es Académico Correspondiente de la Real Academia Sevillana de Buenas Letras y Miembro del Instituto de Estudios Almerienses.